Judith Behnk

Dionysos und seine Gefolgschaft: Weibliche Besessenheitskulte in der griechischen Antike

Diplomica® Verlag GmbH

Behnk, Judith: Dionysos und seine Gefolgschaft: Weibliche Besessenheitskulte in der griechischen Antike, Hamburg, Diplomica Verlag GmbH 2009

ISBN: 978-3-8366-7929-9
Druck Diplomica® Verlag GmbH, Hamburg, 2009

Bibliografische Information der Deutschen Bibliothek
Die Deutsche Bibliothek verzeichnet diese Publikation in der Deutschen Nationalbibliografie;
detaillierte bibliografische Daten sind im Internet über
<http://dnb.ddb.de> abrufbar.

Die digitale Ausgabe (eBook-Ausgabe) dieses Titels trägt die ISBN 978-3-8366-2929-4 und kann über den Handel oder den Verlag bezogen werden.

Inhalt

Einleitung

Dionysos ist für die Forschung eine der problematischsten Gottheiten, denn die Ausformungen seines Kultes und die Möglichkeiten für religiöses Engagement waren mannigfaltig und seine Mysterien geheim.

Die moderne Dionysosforschung begann mit Nietzsche, der von der mythologischen Gottheit Dionysos das metaphysische grenzauflösende Prinzip abstrahierte. Er formulierte die sich diametral entgegenstehenden Kategorien des „Appolinischen" einerseits, und andererseits des „Dionysischen", als dessen transformatives Gegenstück.[1]

Jane Harrison wiederum entwickelte eine von Durkheim beeinflusste evolutionistische Theorie, welche die Gottheit Dionysos aus den sozialen Bedürfnissen der Gruppe heraus entstehen lässt. Das Gottesbild gewinnt, laut Harrison, an Differenzierung je zivilisierter eine Gesellschaft ist.[2]

Martin P. Nilsson sieht in der rituellen Dionysosverehrung in erster Linie einen pragmatischer Fruchtbarkeitskult.[3] Bei Charles Segal, wird in Anlehnung an Nietzsche, Dionysos zum Gott, der die Polaritäten zerstört und die Grenzen zwischen Mann und Frau, Tier und Mensch, Mensch und Gott und Leben und Tod aufhebt und somit die gesamte Konstruktion von Wirklichkeit in Frage stellt.[4]

Die Frage nach dem Sinn oder der Nützlichkeit eines Kultes, stellt Walter. F. Otto nicht: Für ihn standen Kunst und Kult der griechischen Antike im Dienst des Göttlichen und der Kult stellt für ihn die erhabenste Form des Kontaktes der Menschen zu den Göttern dar. Seine Betrachtung birgt den Vorteil, dass die Götter für den antiken Menschen als existent und somit weder als abstrahierte psychologische noch soziale Phänomene betrachtet wurden. Nach Otto offenbart sich das Göttliche in der hohen Kunst um seiner Selbst willen.[5] In diesem Punkt will ich Otto gerne folgen und die Sinnfrage als zweitrangig behandeln.

---

[1] F. Nietzsche, Die Geburt der Tragödie oder Griechentum & Pessimismus, Das Hauptwerk Bd. III, München 1990, S. 383.
[2] J. Harrison, Prolegomena to the study of greek religion, London reprint 1980, S. 363 ff.
[3] M. P. Nilsson, Art.: Dionysos als Vegetationsgott, in: HdA V 2.1 Geschichte der griechischen Religion, Die Religion Griechenlands bis auf die griechische Weltherrschaft, München 1955, S. 582 ff.
[4] C. Segal, Art.: The Menace of Dionysus: Sex Roles and Reversals in Euripides Bacchae, in: Women in the ancient world, The Arethusa Papers, New York 1984, S. 196.
[5] W. F. Otto, Dionysos. Mythos und Kultus, Frankfurter Studien zur Religion und Kultur der Antike, Band IV, 2. Auflage, Leipzig 1939, S. 11 ff.

Richard Seaford rekonstruiert eine antike Gesellschaft, die sich dahingehend entwickelte, dass das Individuum sich sowohl von der Gemeinschaft als auch von der Natur entfremdete[6]: Die dionysische Ekstase innerhalb der Polis-Feste, den Großen Dionysien, bot hierbei die Möglichkeit, durch die Verwischung der Grenzen zwischen den gesellschaftlichen Schichten diese Entfremdung durch die Zugehörigkeit zu einer heiligen Gemeinschaft aufzuheben. Bei Mysterienkulten, so auch bei den dionysischen, bezog sich die Zugehörigkeit dabei nicht nur auf einen irdischen, sondern auch auf einen himmlischen Kultverein, einen jenseitigen Thiasos.[7]

Für den antiken Menschen war die Unterwelt ein feindlicher, trostloser Ort, der von *psychai*, von körperlosen Schattenbildern, bewohnt wurde. Weder gute noch schlechte Taten konnten den Uneingeweihten vor dem Hades bewahren. Mysterienkulte boten hingegen jedem Menschen die Option auf ein besseres Leben im Jenseits.[8]

Die Entwicklung hin zu einer Spaltung von Körper und Geist und der gesteigerte Bedarf nach Mysterienkulten, die ein besseres Leben im Jenseits versprachen, standen gedanklich wohl unter dem Einfluss von Platons Philosophie, welche die Trennung des sterblichen Körpers und der unsterblichen Seele erklärte.

Diese Trennung, der Seaford nachspürt, verstärkt sich in den Lehren der Orphiker, welche alle Körperlichkeit ablehnen und die völlig auf das Jenseits ausgerichtet sind. Er versucht damit, eine bereits in der Antike vor sich gegangene Veränderung der Gottheit Dionysos und seiner Aufgabenbereiche aufzuzeigen. Die Transformation der Antike begann also nicht erst in der nachantiken Zeit, sondern fand bereits in der Antike selbst statt. Der Aspekt der kultischen Verbundenheit von Individuum und ritueller Gemeinschaft und der Glaube an ein besseres Leben im Jenseits werden sowohl in den institutionalisierten Kulten, den Großen Dionysien, als auch bei den dionysischen Mysterienkulten von Bedeutung gewesen sein. Diese öffentlichen Dionysien standen allen Polisbewohnern offen, so auch Frauen, Kindern und Sklaven. Dennoch gab es Kultbereiche, die nur Frauen zugänglich waren, ein Phänomen, welches sich im weiblichen Mänadismus[9] ausdrückt.

---

[6] R. Seaford, Dionysos, London und New York 2006, S.146 ff.

[7] R. Seaford, Dionysos, 2006, S. 147 ff.

[8] R. Schlesier, Art.: Dionysos in der Unterwelt. Zu den Jenseitskonstruktionen der bakchischen Mysterien, in: Konstruktionen von Wirklichkeit. Bilder im Griechenland des 5. und 4. Jahrhunderts v. Chr., Stuttgart 2001, S.157 ff.

[9] Als Mänaden werden die mythischen Begleiterinnen des Dionysos bezeichnet. Die wirklichen Kultteilnehmerinnen heißen zumeist Thyiaden.

Deutlich ist, dass gerade Frauen eine herausragende Bedeutung im Dionysoskult hatten und diese sich sowohl im Kult als auch in den Mythen wiederspiegelte. Im Verlauf der Studie wird diese besondere Beziehung und die untrennbare Verquickung von Mythos und Kultus aufzuzeigen sein. Auch wird zu fragen sein, inwieweit Mysterienkult und Mänadismus miteinander verbunden waren.

Diodor erwähnt, dass sich in vielen griechischen Städten Frauenvereinigungen (*bakcheia*), in jedem zweiten Jahr versammelten. Dabei brachen den Thyrsos[10] tragende Mädchen in Begeisterung für den Gott aus. Gruppenweise opferten die Frauen dem Dionysos, indem sie „Euoi" riefen und kultisch die Mänaden, die Begleiterinnen des Dionysos von alters her, nachahmten.[11] Auch erzählt Diodor, dass die Frauen zu nächtlichen Festen (*oreibasia*) auf die Berge zum rituellen Tanz gingen. Diese Feste fanden über ganz Griechenland verbreitet und bis in Plutarchs Zeiten[12] in Delphi statt, sowie zu späthellenistischer Zeit in Milet.[13]

Es wird kaum zu beweisen sein, worum es in dieser speziellen Kultform ging und dies soll auch nicht Aufgabe dieses Buches sein. Es gilt vielmehr, in dieser Arbeit aufzuzeigen, dass der Mänadismus weder als Abspaltung vom öffentlichen Kultus oder vom Mysterienkult noch als separater Kult zu bewerten ist, sondern vielmehr als spezielle Ritualform und als Element des dionysischen Mysterienkultes, für welchen nur initiierte Frauen zugelassen waren. Es ist auch anzunehmen, dass die Bedeutung der mänadischen Rituale sich nicht nur auf die Frauengruppen selbst beschränkte, sondern auch für die gesamte Gesellschaft von größter Bedeutung war. Zu denken ist, dass die Mänaden sich stellvertretend für die Gesellschaft in den Zustand der dionysischen Ekstase versetzten, um die Ordnung zwischen den Menschen und den Göttern wiederherzustellen. Sie sind eher als Vermittler zwischen den Menschen und den Göttern zu sehen, da sie über spezielle Techniken verfügten, um mit dem Göttlich-Dionysischen in Kontakt zu treten.

Einen Ursprungskult historisch zu ermitteln wird schwerlich möglich sein. Dennoch gilt es, den antiken Quellen höchste Bedeutung beizumessen und die Literatur der Moderne auf ihre

---

[10] Der Thyrsos ist ein langer, oftmals mit Weinlaub umwundener Stab an dessen Spitze ein Knauf aus Efeu- oder Weinlaub, in späteren Zeiten ein Pinienzapfen befestigt ist. Der Thyrsos ist Abzeichen der Teilnehmer des Dionysoskultes, ihn tragen der Gott, Ariadne, die Mainaden, die Dionysospriester, seltener die Satyrn. (Ail. var. 13.2). Der Thyrsosstab ist sowohl Waffe, als auch Kultutensil.
[11] Diod. IV3.3
[12] Plutarch von Chaironeia lebte etwa im Zeitraum von 45 n. Chr. bis 120 n. Chr. Das genaue Todesjahr steht nicht fest. Mit etwa fünfzig Jahren wurde Plutarch Apollon Priester in Delphi.
[13] E.R. Dodds, Die Griechen und das Irrationale, Darmstadt 1970, S.141.

Konstruktionen des Gottes Dionysos hin zu analysieren. Die Analyse der modernen Literatur wird allerdings nicht im Vordergrund stehen, sondern vielmehr wird versucht werden, mit Hilfe der antiken Quellen eine Religionsgeschichte des Mänadismus darzustellen. Es wird in Grundzügen aufzuzeigen sein, wie viele Facetten Dionysos und seine Rituale bereits in der Antike besaßen und welche Bedeutung ihm die Menschen in der Antike, soweit sich dies rekonstruieren lässt, beimaßen.

Um zu verstehen, in welchem Kontext sich in der Antike dionysische Kulte bildeten und was Religion für den antiken Menschen bedeutete, wird im ersten Kapitel eine Einführung in die Struktur und die Bedeutung der antiken Mysterienkulte gegeben. Gerade bei dem dionysischen Kult spielt die *mania* eine hervorragende Rolle: Dionysos sticht die Menschen mit dem Stachel des Wahnsinns und treibt sie zu ekstatischen Tänzen an. Im zweiten Abschnitt wird genau dieses Phänomen des Wahnsinns und seine Bedeutung für den antiken Menschen thematisiert, das jedoch nur angerissen werden kann, obschon eine ausführlichere Untersuchung zu diesem Aspekt von Vorteil wäre. Eines der detailliertesten Bilder des weiblichen Dionysoskultes bietet der attische Tragiker Euripides in seinem Stück „Die Bakchen". In einem dritten Abschnitt wird die für die Dionysosforschung überaus ergiebige Quelle in Grundzügen skizziert und es werden Deutungsversuche der modernen Forschung dargestellt. Um einen Versuch zu unternehmen, das Phänomen des Mänadismus zu verstehen, ist eine Analyse der Gottheit selbst und der antiken Mythen, die sich um sie ranken sowie der modernen Forschungsmythen nötig. Dionysos war in der Antike lange Zeit ein Außenseiter und sein Kult konnte nur nach Reglementierungen und Umformungen in den offiziellen Festkalender aufgenommen werden. Wahrscheinlich ist, dass sein Kult bei der breiten Masse Anklang fand und so der Druck für den attischen Staat zu groß war, um ihn ignorieren zu können. Delphi mit seinem Orakel[14] war eines der Haupinstanzen, welches neue Kulte oder neue Götter in sozial verträglicher Form integrierte und so wurde auch Dionysos durch das delphische Orakel legitimiert. Er erhielt sogar die Orakelstätte Delphi während der Winterzeit, wenn das Orakel nicht weissagte, für seinen Dienst. Genau hier etablierten sich die winterlichen Feiern der Thyiaden[15] des Dionysos, bei denen Frauen aus Athen und Delphi auf den Bergen des Parnassos alle zwei Jahre ein Fest feierten.

Über die Inhalte der Kultfeiern ist weit weniger bekannt, da die dionysischen Anhänger *mystes*, also Geheimnisträger waren. Nur wenige Quellen geben Hinweise auf einen Mysterieninhalt.

[14] Das phokische Delphi oder Delphoi mit seinem Orakelheiligtum, lag am Südabhang des Parnassgebirges. Ursprünglich der weiblichen Göttin Ge geweiht wurde hier ab dem 9./8. Jhd. v. Chr. Apollon verehrt.
[15] Als Thyiade werden die dionysischen Kultanhängerinnen in Delphi und Umgebung bezeichnet.

Aber nicht alle Anhänger des Dionysos waren Mysten, der Kult bot ein breites Spektrum an Möglichkeiten, sich religiös zu engagieren. Mysterienkulte bilden nach Burkert dabei eine spezielle religiöse Form, die durch ein besonderes Interesse und auch besondere Verpflichtungen des Teilnehmers charakterisiert ist.[16] Ein Vergleich mit anderen Mysterienkulten wie dem von Eleusis werden dies erhellen.

Während Mysterienkulte sich eher an das Individuum richteten, gab es eine ganze Reihe von offiziellen dionysischen Kulten, wie die Anthesterien[17] und die Großen Dionysien[18] in Athen. Diese Feste wandten sich an alle Bürger: Frauen, Männer, Kinder und Sklaven. Der ausgeübte Kult des Dionysos ist wie auch andere antike Kulte von mythologischen Vorstellungen durchzogen. Dionysos, seine rasenden Mänaden und die Fruchtbarkeitswesen, die Satyrn, treten auch im realen Kult in Form von theatralischer Nachahmung, Kostümierung und Maskierung auf. Genauso wie sich die Mythe des Raubes der Persephone durch den Unterweltgott in den eleusinischen Mysterien niederschlägt, beeinflusst der Mythos der Zerreißung des Dionysos und seine begleitenden Ammen den historisch realen Kult. Auch im kultischen Mänadismus tauchen Kultutensilien aus der Mythologie wie efeuumwundene Thyrsosstäbe, Reh- oder Pantherfellumhänge auf, beeinflusst von Mythen und Kunst. Die Mänaden sollen nach literarischer Überlieferung nachts in dionysischem Wahnsinn mit Thyrsosstäben auf den Bergen schwärmen.[19] Diese sehr poetische Darstellung ist umso verwunderlicher, wenn man bedenkt, dass im antiken Griechenland laut Euripides[20] und Menander[21] die territoriale Grenze der Frauen die Haustür war und dass das Ideal für die bürgerliche athenische Frauen ein Leben im Haus vorsah.[22] Umso mehr drängt sich die Frage auf, ob es einen derartigen ekstatischen weiblichen Kult gab oder ob dies eher eine literarische und künstlerische Konstruktion darstellt.

Frauen in der Antike stehen in gewisser Weise außerhalb der Gesellschaft; während Männern das öffentliche Leben offen steht, sind Frauen nicht einmal in den Demenregistern[23] zu finden. Selten

---

[16] W. Burkert, Antike Mysterien. Funktionen und Gehalt, 2. Auflage, München 1991, S. 17.
[17] Die Anthesterien waren öffentliche dionysische Feste, die mitunter die Abwehr von schädlichen Totenseelen, Weinverkostung und den feierlichen Einzug des *Dionysos Limnaios* auf einem Schiffskarren beinhalteten.
[18] Die Großen Dionysien sind öffentliche Feste, die farbenprächtige Umzüge in Kostümierung und Theaterwettkämpfe beinhalteten.
[19] Eur. Bacch. 72 ff.
[20] Eur. frg. 521.
[21] Men. frg. 592.
[22] J. Gould, Art.: Law, Custom and Myth: aspects of the social position of women in classical Athens, in: The Journal of Hellenic Studies, Vol. C London 1980, S.48.
[23] Jeder Bürger gehörte, Mitte des 4. Jahrhundert v. Chr., zu einer der 139 Demen, aus denen sich die attische Polis zusammensetzte. Sowohl Bürger als auch Metöken wurden in Demenlisten eingeschrieben; bei den Bürgern war die Zugehörigkeit zu einem Demos erblich.

haben Frauen in der griechischen Antike eine nachweisbare Identität, da auch auf ihren Grabsteinen nicht ihr eigener Name, sondern der des Vaters oder des Ehemannes steht. Diese sozialen Einschränkungen treffen aber bei religiösen Ritualen nicht zu, denn hier nehmen die Frauen gleichberechtigt mit den Männern aktiv am Kultus teil.[24]

Auch wenn die Rechte der antiken Frau eingeschränkt erscheinen, so beweisen doch die religiösen Aktivitäten, die den Frauen offen standen, dass es dort einen sozialen Freiraum gab, den es so im alltäglichen Leben nicht gab.

Dennoch darf man den Mänadismus nicht als bloße Protestaktion bewerten, denn die Rituale, die in dieser Arbeit beschrieben werden, waren teilweise mit größten körperlichen Anstrengungen und Gefahren verbunden. Aber all diese Mühsal wurde aufgenommen, um Dionysos, wie in Delphi auf dem Berg Parnassos, Dienst zu erweisen.

Die Quellen werden nach grundlegenden Faktoren abgesucht, so z. B. nach geografischen Lagen und den Ortsbezeichnungen, der Anzahl der Kultteilnehmerinnen, Kultbeschreibungen, den Namen von Kultanhängerinnen. Zudem wird nach Überschneidungen von öffentlichen und mänadisch-geheimen Ritualen gesucht. Von Interesse wird sein, ob sich Unterschiede in der kultischen Verehrung des Dionysos feststellen lassen und ob spezielle rituelle Muster regional, z. B. auf eine einzelne Polis beschränkt sind oder ob sich diese an anderer Stelle wiederfinden lassen. Bei der Ermittlung haben die historischen Quellen wie Weihe- und Grabinschriften die höchste Priorität.

Des weiteren wird die Frage gestellt, wer diese Frauen waren, die dem Dionysos Feste widmeten. Lässt sich zum Beispiel aus den Quellen erschließen, wie alt sie waren und welcher sozialen Schicht sie entstammten? Die Frage nach den Beweggründen, die eine Frau in der Antike gehabt haben mag, diesem Kult beizutreten, werden sich schwerlich rekonstruieren lassen, da Aufzeichnungen der Kultteilnehmer selbst fehlen. Es wird herauszufinden sein, wie die mänadischen Rituale strukturiert waren und ob es sich dabei um Massenhysterien, religiöse Epidemien oder Besessenheit handelte. Wichtig für diesen Punkt ist auch, auf welche Weise die Frauen ihren Körper und ihren Geist auf das Ritual vorbereiteten.

---

[24] J. Gould, Law, 1980, S.45 ff.

Ein weiteres Ritual, das nur von Frauen ausgeführt wurde, waren die Thesmophorienfeiern[25] in Eleusis, wohingegen die eleusinischen Mysterien beiden Geschlechtern offen standen. Eine Analyse der Thesmophorien und ein Vergleich mit den mänadischen Ritualen liegt nahe. Im Abschluss wird ein Exkurs vorgenommen, der eine Verbindungslinie zwischen Dionysos und der Großen Mutter Kybele zieht, die zum einen anzeigen kann, wie alt der Dionysoskult ist und zum anderen welche kulturellen Einflüsse auf den Kult gewirkt haben.

Diese Studie stellt die Frage nach der historischen Belegbarkeit eines rein weiblichen, ekstatischen Dionysoskultes in der griechischen Antike und seiner Verbindung zum öffentlichen Kultus. Die Suche beschränkt sich entsprechend der ausgewählten Quellen auf die Regionen Theben, Delphi, Sparta, Magnesia am Mäander, Milet und Athen.

Einer Trennung von historischem und mythologischem Mänadismus, welcher Adolf Rapp nachging[26] wird hier nicht versucht, da schon Rapp feststellen musste, dass dies eine wissenschaftlich konstruierte Trennung ist, welche aber in der Antike so inhaltlich nie existiert hat.

Mit dem Ablauf der institutionalisierten attischen Großen Dionysien wird sich dieses Buch nur am Rande befassen und der Fokus wird auf den rein weiblichen Kultaspekt, den Mänadismus, gerichtet werden. Die Theorie eines rein weiblichen Kultes ist deshalb interessant, weil Frauen in der griechischen Antike durch die normalen sozialen Bedingungen alles andere als frei waren und die Existenz eines solchen Kultes, auch wenn nur auf das Ritual beschränkt, eine Gefahr für die gesellschaftliche Ordnung dargestellt haben dürfte. Auch Dionysos selbst ist ein Gott, der ungezähmt ist, der die gewohnte Ordnung des Menschen auflöst und ihnen die Kontrolle raubt. So berichtet Pausanias von einem Dionysoskult nahe Theben, bei dem die Teilnehmer während des Tieropfers durch Trunkenheit in Raserei verfielen und dabei den Dionysospriester töteten.[27]

Allerdings wird in dieser Arbeit die Frage nicht geklärt werden können, welches Bedürfnis sich in diesem Kult offenbarte, sondern vielmehr auf welchem Wege er entstand und welchen Veränderungen und Einflüssen er ausgesetzt war.

---

[25] Die Thesmophorien waren ein Kultfest zu Ehren von Demeter und Kore-Persephone. Sie waren das weit verbreiteteste griechische Fest überhaupt. Die Thesmophorien sind ein jahreszeitlicher Vegetationskult. (Sch. Lukian. dial. mer. 2.1; Aristoph. Thesm. 839)
[26] A. Rapp, Art.: Die Mänade im griechischen Cultus, in der Kunst und Poesie, in: Rheinisches Museum für Philologie, Band 27, Frankfurt am Main 1872, Reprint New York/London 1971, S. 20 ff.
[27] Paus. IX 8.2.

Da man nach Quellen über die Kultinhalte von den Teilnehmern selbst vergeblich sucht, ist es nötig, die regionalen Dionysostypen und ihren speziellen Charakter zu beleuchten, um auf diese Weise Zugang zu den unterschiedlichen Kulten zu erhalten.

Der einzige antike Autor, von dem bekannt ist, dass er eine persönliche Beziehung zu einer Dionysospriesterin hatte, ist Plutarch, der selbst Apollonpriester in Delphi war. Sein religionsphilosophisches Werk „Isis und Osiris" ist seiner delphischen Freundin Klea gewidmet, die sowohl den Thiasos des Dionysos in Delphi anführte, als auch in die Mysterien des Osiris eingeweiht war. Im Verlauf der Studie wird zu klären sein, inwieweit der Mänadismus mit dem öffentlichen Kult zusammenhängt, was für eine Art von religiösen Anhängerinnen Mänaden waren und worin die unterschiedlichen Kultelemente wurzeln. Mänaden scheinen als Priesterinnen, abgesondert vom offiziellen Kult, Rituale ausgeführt zu haben, für die man initiiert sein musste. Die Rituale unterlagen der Geheimhaltung wie auch in anderen Mysterienschulen. Vorzustellen ist, dass Dionysospriesterinnen für die gesamte Gemeinschaft rituelle Opfer vollzogen, die sich nach Plutarch dem Gott entsprechend auf Aspekte des feuchten Elementes, also Wachstum und Fruchtbarkeit im weitesten Sinne bezogen.

I. Mysterienkulte und die Bedeutung von Wahnsinn in der Antike

1. Die Bedeutung der antiken Mysterienkulte

Um ein genaueres Bild davon zu erlangen, was der dionysische Kult in der Antike beinhaltete, muss zuerst geklärt werden, welche Bedeutung Mysterienkulte gespielt haben und in welcher Weise Kultelemente zu differenzieren sind, denn nicht alle Teilnehmer an dionysischen Festen waren gleichsam in die Mysterien eingeweiht.

Seit der spätarchaischen Zeit existieren in Griechenland zwei prominente Mysterienkulte, zum einen die Mysterien von Eleusis[28] und zum anderen die dionysischen Mysterien. Beide zeichnen sich dadurch aus, dass sie über eine lange Zeitspanne in Griechenland existierten und eine Vielzahl von Menschen anzogen. Andere Mysterienkulte, wie der Mithraskult und der Kult der Mater Magna, lassen sich für das zweite bis vierte Jahrhundert n. Chr. nachweisen. Mithras ist im eigentlichen Sinne ein indoiranischer Gott und Magna Mater eine altanatolische Muttergottheit.

---

[28] Eleusis liegt etwa 21 km von Athen entfernt und ist mit diesem durch die „Heilige Straße" verbunden. Hier gab es ein Mysterienheiligtum für Demeter und Kore-Persephone.

Burkert nennt diese Mysterienkulte „Mysterienreligionen" und grenzt diese von einem heutigen Exklusivitätsverständnis von Religionen wie Islam, Judentum und Christentum ab.[29]

Daher könnte der Begriff Mysterienreligionen missverstanden werden, denn eine Einweihung in einen bestimmten Kult schloss nicht aus, dass man auch in andere Kulte initiiert werden konnte. Die Religion in der Antike umfasste eine Vielzahl von Kulten und Kultformen und auch die Inkorporation von fremden Göttern in die rituelle Praxis war ein geläufiges Phänomen. Somit kann die antike Religion nach Burkert in großen Teilen als ein uneinheitliches Konglomerat an ägyptischen und orientalischen Einflüssen betrachtet werden.[30]

Die eleusinischen Mysterien waren der Korngöttin Demeter und ihrer Tochter Persephone geweiht. Die Mysterien wurden von der Polis Athen organisiert und vom König, dem *archon basileus*, beaufsichtigt. Die Mythe besagt, dass Persephone-Kore von Hades[31] in die Unterwelt entführt wird und ihre Mutter Demeter durch das Land reist, um ihre Tochter wiederzufinden. In Eleusis angelangt, gelingt es Demeter, ihre Tochter wenigstens für einen gewissen Zeitraum des Jahres wieder aus der Unterwelt zu holen. Zwei Gaben soll Demeter nach Eleusis gebracht haben: zum einen das Korn, das den Menschen die Möglichkeit gab, an einem Ort zu bleiben und eine agrarisch organisierte Gesellschaft zu bilden und zum anderen ihre Mysterien. Das Mysterienfest wurde mit einer feierlichen Prozession auf der „Heiligen Straße" von Athen nach Eleusis begonnen, welche in einem nächtlichen Fest in Eleusis endete. Im Telesterion, im Kultraum der eigentlichen Einweihung, wurde den Anwesenden „das Heilige" gezeigt. An diesen Mysterien konnten Männer und Frauen gleichermaßen teilnehmen. Der Inhalt der Mysterien bezog sich zum einen auf einen direkten Vegetationsritus und zum anderen auf ein besseres Leben nach dem Tode. Letztgenannter Punkt findet sich in nahezu allen Mysterienkulten der Antike. Eine Besonderheit am eleusinischen Kult ist, dass er ortsgebunden war, denn nirgendwo anders konnten die Mysterien der Demeter und Persephone nachgespielt werden als hier. Der Ort nahm also eine Monopolstellung ein; wer eingeweiht werden wollte, musste nach Eleusis. Ein Umstand, der auch unter finanziellen Gesichtspunkten für die Stadt von großer Bedeutung gewesen sein dürfte.[32]

---

[29] W. Burkert, Mysterien, 1991, S. 9 ff.
[30] W. Burkert, Mysterien, 1991, S. 10 f.
[31] Hades ist einer der drei Kronossöhne (Hes. theog. 453 ff. Hom. Il. 15, 187). Durch ein Los erhält er bei der Teilung der Welt, die Unterwelt zugewiesen (Apollod. 1,6,3).
[32] W. Burkert, Mysterien, 1991, S.12.

Im Gegensatz zu den eleusinischen gibt es für die dionysischen Mysterien kein festes Zentrum. Die Ausbreitung des Kultes erstreckt sich vom Schwarzen Meer bis Ägypten und von Kleinasien bis Süditalien.

Zu Ehren des Dionysos wurde eine ganze Reihe von Festen gefeiert, die von Trinkwettkämpfen über Schauspielwettbewerbe bis hin zu Fruchtbarkeitsriten reichten. Aber auch hier gab es Kultanhänger, die Mitglieder von geheimen Mysterien waren, deren Inhalt sich nicht in festlichen Umzügen erschöpfte, sondern ein seliges Leben im Jenseits versprach. Die Verbindung des Gottes Dionysos mit der Unterwelt wird besonders in Unteritalien wirksam. Funde aus dieser Region zeigen eine ganze Reihe von Sarkophagen und Totenvasen mit Darstellungen eines himmlischen Thiasos[33], in den der Myste des Dionysos eingeht.

Ein Text aus Hipponion in Unteritalien lässt den Toten unter den „Mysten und Bakchen" den „Heiligen Weg" in der Unterwelt beschreiten. In Thessalien gefundene Goldplättchen als Grabbeilagen sprechen von der „Geburt im Tod" und einer „Lösung durch Bakchios, die Persephone anerkennt".[34] In dionysische Mysterienkulte konnten sich sowohl Männer als auch Frauen einweihen lassen. Zudem kommt, dass die Griechen großes Interesse an ägyptischen Göttern hatten. Zu Plutarchs Zeiten war es in Delphi Mode, ägyptische Götter mit griechischen gleichzusetzen. So sind in Delphi Demeter mit Isis und Dionysos mit Osiris synonym gebraucht worden. Die Mythe des Osiris besagt, dass er von seinem Bruder Seth getötet und zerstückelt wird. Seine Überreste werden dann über ganz Ägypten verteilt, während Isis durchs Land zieht, die Teile wieder zusammen setzt und ihn wiederbelebt. Auch Dionysos erfährt eine derartige Zerstücklung durch die Titanen, um dann von Zeus zu neuem Leben erweckt zu werden. [35] Welche Bedeutung die Mythen in der Mysterienpraxis hatten, lässt sich heute nicht mehr belegen, da ein wesentliches Merkmal von Mysterienkulten die Geheimhaltung von Mysterieninhalten war. *Mysterion*, bedeutet das Geheimnis in einem kultischen Sinne. Der Inhalt der Mysterien war unsagbar (*arrheta*), also war das Entscheidende sprachlich nicht fassbar.

Um etwas über die Mysterien oder Geheimnisse zu erfahren, musste man sich einweihen lassen. Demnach ging der Zulassung zu einem Mysterienkult eine persönliche Initiationszeremonie voran, der sich jeder Teilnehmer unterziehen musste. Ein Mysterienkult ist also ein

---

[33] Neben einer Reihe von staatlichen Vereinen und Berufverbänden, gibt es im antiken Griechenland religiöse Vereine auf privater Basis, die sich *Thiasoi* nennen.
[34] W. Burkert, Mysterien, 1991, S. 12.; Tsantsanoglou, K./ Parassoglou, G.M., Two Gold Lamellae from Thessaly, Hellenika 38, 1987, S. 3-17.
[35] W. Burkert, Mysterien, 1991, S. 13 f.

abgeschlossener Zirkel, der für Außenstehende unzugänglich ist. Die Inhalte der Mysterien sind geheim und nur den Eingeweihten bekannt. Die Feste der Mysterien finden im Zuge der Geheimhaltung oftmals nachts statt. Der Definition von Mysterien, wie wir sie eben vorgenommen haben, entspricht auch der mänadische Kultkomplex. Die Teilnahme am Ritual und die Empfängnis der Mysterien bedarf einer Initiation. Der Initiant verändert durch die Einweihung seinen kultischen, aber nicht seinen sozialen Status.

Die soziologische Deutung einer Einweihung, die den sozialen Status einer Person ändert, trifft auf die antiken Mysterien nicht zu, da sich der soziale Status eines Menschen, der sich einer Initiation in einen Mysterienkult unterzieht, nicht ändert. Nach den Ritualen kehren die Mitglieder in ihr normales soziales Umfeld, zu ihrer Familie, zu ihrer Arbeit, in ihren Freundeskreis zurück. Die Initiation bezieht sich auf einen eher seelischen Bereich. Der Myste geht im Ritual eine besondere Beziehung mit dem entsprechenden Gott ein, verlässt die normale menschliche Sphäre und tritt mit dem Heiligen in Kontakt.

Mysterien sind Sonderformen des Kultes, die einem besonderen persönlichen Interesse der Kultanhängern gerecht werden. Der Dienst am Gott heißt aber nicht zwangsläufig, in einen Mysterienkult initiiert sein zu müssen. Der Teilnehmer hat die freie Wahl, sich in diese Form des Kultes einzubringen. Trotzdem kann der „gewöhnliche Kult" nicht getrennt von den „Mysterien" betrachtet werden. Denn auch ein eingeweihter Mysterienpriester kann Funktionen innerhalb des öffentlichen Kultes übernehmen. „Mysterien sind eine persönliche Option im Rahmen des allgemeinen polytheistischen Systems."[36] Burkert vergleicht diese Entscheidungsfreiheit mit der Option im Christentum, Pilgerreisen zu heiligen Stätten zu unternehmen. Mysterien sind eine Form der persönlichen Religion, deren Ziel die innige Auseinandersetzung mit einer Gottheit ist und die Suche nach einer Art Erlösung.[37] Eine Mysterieneinweihung schließt die Praxis in anderen Kulten oder Kultelementen nicht aus, sondern bildet nach A.D. Nock eine nützliche Ergänzung.[38]

Motivation und Funktion der persönlichen Einweihung in die Mysterienkulte werden variabel gewesen sein, dennoch werden Elemente wie die Rettung der Seele und die Hoffnung auf ein gutes Leben nach dem Tod von Bedeutung gewesen sein.

---

[36] W. Burkert, Mysterien, 1991, S. 17.
[37] W. Burkert, Mysterien, 1991, S.17 ff.
[38] A.D. Nock, Conversion. The Old and the New in Religion from Alexander the Great to Augustine of Hippo, Oxford 1933, S. 7.

Zwei Goldblättchen, die in Thessalien gefunden und einer Verstorbenen auf die Brust gelegt wurden, besagen: „Jetzt bist du gestorben, und jetzt bist du geboren worden, dreimal seliger, an diesem Tag. Sage der Persephone, dass Bakchios selbst dich gelöst hat ... Und dich erwarten unter der Erde die Weihen (telea), die auch die anderen Seligen feiern".[39] Die Grabbeigaben geben dem Mysten Anweisungen über seine zu erledigenden Handlungen im Jenseits, um dort ein seliges Leben mit den anderen Mysten zu erlangen. Es ist anzunehmen, dass diese Informationen über das Jenseits dem Mysten auch schon zu Lebezeiten mitgeteilt wurden, damit er im Moment des Todes die entsprechenden Vorbereitungen treffen konnte.

Grundbedingung für die Entwicklung von Mysterienkulten ist also demnach der Wunsch nach Erlösung vom Leiden, die Hoffnung durch die Einweihung auf ein besseres Leben im Jenseits und der Verlust der Angst vor dem Tod. Leid in diesem Leben wird in der Antike als Resultat der Angriffe von Ahnen und Göttern betrachtet.[40] Steigt man also rituell zu Lebzeiten in die Unterwelt hinab, so können Ahnen versöhnt und so auch das reale Leben des Mysten verändert werden. Wie aber waren diese Mysterienkulte organisiert?

Burkert stellte drei Typen sozialer Organisationsformen von antiken Mysterien fest. Den wandernden Charismatiker, die zu einem bestimmten Heiligtum gehörigen Priester und Thiasoi, die freien Kultvereine. Der umherziehende Priester bot gegen ein Entgelt seine Dienste für Weihungen und Reinigungen an. Man kann sich seinen sozialen Status so vorstellen, dass diese Art von Priestern eher von der Hand in den Mund gelebt hat und innerhalb der Polis nicht sonderlich angesehen war.[41]

Griechische Heiligtümer waren im allgemeinen wirtschaftlich von der Polis abhängig. Zudem konnten sie durch Weihegaben und Opfer durch die Anhänger der entsprechenden Gottheit zu Reichtum gelangen. Gerade in archaischer Zeit waren es die großen Orakel Griechenlands, die sowohl politische als auch finanzielle Macht hatten. Die Priester waren somit finanziell abgesichert, aber an den Ort des Heiligtums gebunden und mussten sich dort in die Priesterhierarchie einordnen, im Gegensatz zu den wandernden Charismatikern. Der freie Kultverein, *thiasos* genannt, funktionierte auf Vereinsbasis. Die Grundstruktur des *thiasos* war eine Gruppe von gleichberechtigten Einzelpersonen, die sich zu einem gemeinsamen Zweck zusammenschlossen. Die Mitglieder bleiben, auch wenn sie zu einem *thiasos* gehören,

---

[39] Nach W. Burkert, Mysterien, 1991, S. 28.
[40] Plat. Phdr. 244 f.
[41] W. Burkert, Mysterien, 1991, S. 34 ff.

wirtschaftlich unabhängig und in ihrem normalen sozialen Umfeld, wie Familie, Freundeskreis und Polis eingebunden. Erwartet wird aber von reichen Teilnehmern, dass sie ihren Einfluss und ihre Macht für den *thiasos* geltend machen und damit Berechtigung erlangen, sich in Weiheinschriften als Förderer zu verewigen. Die Vereine sind rechtlich anerkannt und verfügen über Vereinslokale und eigenes Vermögen.[42] Die *thiasoi* treffen sich zu gemeinsamen Ritualen, speziellen Opferungen und dem gemeinsamen Opfermahl. Auch bei öffentlichen Prozessionen wie den *pompe* treten sie auf und zeigen der Öffentlichkeit, wer zu welcher Gruppe gehört.[43]

Diese drei Organisationsformen existieren unabhängig voneinander, können aber miteinander vermischt sein. Ein Charismatiker kann seinen eigenen *thiasos* von Anhängern haben, Priester aus einem bestimmten Heiligtum können auch Charismatiker sein und ein *thiasos* kann eng mit einem Heiligtum verknüpft sein, wie es bei den Thyiaden von Delphi der Fall ist, auf welche in einem späteren Abschnitt näher eingegangen wird.

Wandernde Charismatiker waren vor allem Eingeweihte (*teletai*) des Dionysos. Eines der wichtigsten Dokumente dafür ist das Edikt des Königs Ptolemaios IV. Philopatorum, etwa 120 v. Chr. erlassen. Er schreibt vor, dass „...diejenigen, die auf dem Land *teletai* für Dionysos durchführen, nach Alexandria fahren in gesetzter Frist und sich registrieren lassen, sie sollen dabei gleich angeben, von wem sie das Heilige übernommen haben, bis zu drei Generationen, und den *hieros logos* versiegelt einreichen."[44] Der *hieros logos* ist ein Teil der Geheimlehre der in geschützter Weise den Behörden offenbart werden musste.

In Athen finden wir um 380 v. Chr. einen Hinweis auf eine Charismatikerin namens Glaukothea, die Mutter des Aischines, die Priesterin privater Mysterien des Dionysos Sabazios gewesen sein soll. Sie stammte aus einer Familie von Sehern und erfüllte somit eine Art Familientradition.[45]

Wandernde Weihepriester des Dionysos finden wir, laut Burkert, nach dem Bacchanalienskandal[46] 186 v. Chr. in Rom nicht mehr, obwohl die Mysterien selbst zur Zeit Cäsars in Italien wieder belegbar sind. *Thiasoi* zu Ehren des Dionysos-Bacchus existieren

---

[42] W. Burkert, Mysterien, 1991, S. 35 ff.
[43] W. Burkert, Mysterien, 1991, S. 47.
[44] Nach W. Schubart, Amtliche Berichte aus den Kgl. Preußischen Kunstsammlungen, 38, 1916/17, S. 189f.
[45] Demosth. 18, 259-260; 19, 199, 249, 281.
[46] Liv. 39, Livius beschreibt, dass ein „Winkelpriester und Wahrsager" aus Erturien kam, der geheime nächtliche Kulthandlungen nach Rom brachte. Frauen und Männer sollen hier unter ekstatischem Hin- und Herwerfen geweissagt haben. Über siebentausend Männer und Frauen sollen in die Mysterien eingeweiht gewesen sein. Den Mysten werden vom Senat allerlei kriminelle Aktivitäten zugeschrieben, was dazu führt das der Kult, 186 v. Chr. in einem Senatsbeschluss verboten, die Stätten der Bacchusmysterien zerstört und viele Anhänger getötet werden.

weiterhin, die Einweihungen und Rituale finden Privathäusern statt und werden von wohlhabenden Vorstehern geleitet.[47]

Zu römischer wie schon zu griechischer Zeit konnten sich sowohl Frauen als auch Männer in die dionysischen Mysterien einweihen lassen.

Eine Ausnahme hiervon bildete der Mithraskult, in den ausschließlich Männer eingeweiht wurden. Diese Trennung von Geschlechtern taucht in antiken Mysterienkulten sonst nicht auf.

Die Dauer der Gemeinschaft der Mysten konnte stark variieren. Beim großen Mysterienkult von Eleusis beispielsweise war sie stets kurz. Denn zum jährlichen nächtlichen Mysterienfest treffen sich tausende Teilnehmer, vollziehen das Ritual und trennen sich danach wieder.

Für die dionysischen Mysterien lässt sich eine derartige Aussage nicht treffen, obschon Pausanias erwähnt, dass sich in Athen ein Haus, das Dionysos geweiht war, befand, indem vornehme Athener sich zu Mysterienfeiern, ähnlich denen in Eleusis, trafen. Das Phänomen der dionysischen Mysterien ist aber ungreifbarer als die eleusinischen, da es hier keine Ortsgebundenheit und kein Machtmonopol gab. Zwar mussten Dionysospriesterinnen und - priester in Griechenland, wohl ebenso wie in Milet, Abgaben[48] an staatliche Priester bezahlen, dennoch wird die Kultausübung wenig reglementiert gewesen sein. Was aber waren die Hauptelemente der dionysischen Mysterien?

2. Göttlicher Wahnsinn[49]

Ein Hauptmerkmal des Dionysoskultes ist der rituelle Wahnsinn, der sich im ekstatischen Tanz und im Rasen in den Bergen (*oreibasie*) offenbart. Das antike Bild von Wahnsinn ist diffizil und geprägt von einer Anschauung der Wirkung des Göttlichen auf den Menschen. Sokrates berichtet im *Phaidros*, dass dem Menschen die größten Wohltaten durch den Wahnsinn zuteil werden.[50] Vorraussetzung dafür sei, dass er durch göttliche Gabe gegeben wird und sich somit als göttlicher Wahnsinn kennzeichnet.[51] Somit wird deutlich, dass es in der griechischen Antike eine Trennung von geistiger Krankheit und göttlich eingegebenem Wahnsinn gibt.

---

[47] W. Burkert, Mysterien, 1991, S. 38.
[48] Inschr. von Milet, Bd. VI Teil 3, Inschr. n. 1020-1580, Deutsches Archäologisches Institut, Berlin/New York 2006, Inschr. n. 1222, Z. 7-11, lex sacra über den Verkauf des Dionysos-Priestertums mit Regelungen über dionysischen Thiasoi.
[49] Orph. h. 46.
[50] Plat. Phaidr. 244 A.
[51] Plat. Phaidr. 244 C.

Sokrates unterscheidet drei Arten des göttlichen Wahnsinns: der prophetische Wahnsinn, dessen Schutzgott Apoll ist Initiations- oder Ritualwahnsinn, dessen Schutzgott Dionysos ist und poetischer Wahnsinn, der durch die Musen eingegeben wird. Platon sieht diesen sogar als unerlässliche Einweihung für alle Dichter und Schreiber an. Der Wahnsinn wird von Platon nicht per se als etwas Schlechtes beschrieben, sondern vielmehr als ein wichtiges Hilfsmittel zur persönlichen Entwicklung, die durch die Götter begünstigt sein muss. So erwähnt er, dass im Wahnsinn die Prophetin von Delphi und die Priesterinnen von Dodone in öffentlichen Angelegenheiten viel für Griechenland getan hätten. Weiter heißt es bei Platon, dass schon die Alten das Geschenk des Wahnsinns begrüßten, da es ihnen die Möglichkeit gab, in die Zukunft zu sehen und dass die Kunst bei ihnen *Wahnsagekunst* hieß.[52]

Allgemein wird der Wahnsinn in der Antike der Sphäre des Übernatürlichen zugerechnet, sei es göttlicher Wahnsinn oder eine Krankheit. Im antiken Athen werden Geisteskranke gemieden, da ihre Krankheit auf einen Fluch der Götter zurückgeführt wird, welcher mitunter ansteckend wie eine Epidemie wirken kann.[53]

Das beste Beispiel für den prophetischen Wahnsinn ist die Apollon weissagende Phytia in Delphi. Die Phytia wurde von dem Gott ergriffen, von ihm in Besitz genommen und erteilte seine Orakelsprüche durch ihren Mund, weshalb die Orakelsprüche in der ersten Person ausgesprochen wurden. Plutarch erwähnt, dass sich die Ergriffenheit der Phytia durch den Gott (*enthusiasmos*) in einem Stimmwechsel offenbarte.[54] Das Phänomen der prophetischen Ergriffenheit oder Besessenheit ist aber in der Antike nicht das Monopol weniger, sondern ein weit verbreitetes Phänomen. Auch in Thrakien beim Stamm der Satrai, gab es einen Orakelschrein des Dionysos in den Bergen. Ebenso wie in Delphi empfing hier eine Priesterin in Zustand der Ekstase die Orakelsprüche des Gottes, diese wurden dann von *bessi* genannten Priestern interpretiert.[55] Der rituelle Wahnsinn ist eine Grundvoraussetzung um mit den Göttern kommunizieren zu können. Dodds sieht in der dionysischen *oreibasie* die Urform rituellen Wahnsinns und nimmt an, dass sie im Wesentlichen kathartischer Art war und die Seele dadurch von den ansteckenden irrationalen Triebkräften gereinigt wurde.[56]

---

[52] Plat. Phaidr. 244 B-D.
[53] E.R. Dodds, Die Griechen und das Irrationale, Darmstadt 1970, S.41; siehe auch Aristoph. Aves 524f.
[54] Plut. Qu. Conv. 1,5,2, 623 B.
[55] Hdt. VII 110.
[56] E.R. Dodds, Griechen, 1970, S. 41 ff.

Dionysos war im Gegensatz zu Apoll ein Gott des Volkes und für Männer wie Frauen, Bürger und Sklaven zugänglich. Apoll wurde hingegen in einer gehobeneren Schicht verehrt. Dodds Theorie zufolge war das dionysische Ritual eine Methode, um sich von den Verantwortungen des Lebens zu befreien, wenn auch nur für die Zeit des Rituals. Nachdem der Kult offiziell in die Religion der Polis aufgenommen wurde, verlagerte sich die kathartische Tradition in die privaten dionysischen Kultvereine.[57] Auch der antike Mensch betrachtete Dionysos und seine Gabe, den Wein, als Geschenk, um von den Sorgen des Alltags befreit zu werden. Dem Wein werden lösende Eigenschaften zugesprochen. In der fünfzigsten orphischen Hymne an *Lysios Lenaios* heißt es: „Kelternfreundlicher Bakchos...Schenkest den Menschen leidlindernde Wonne...Erlösender Gott!".[58] Neben diesem heilenden, milden Element, das wohl bei den öffentlichen dionysischen Zeremonien im Vordergrund gestanden haben wird, gehörte zur intensiveren Beschäftigung mit Dionysos wohl auch der rituelle Wahnsinn und die ekstatischen Tänze, als Technik um mit dem Göttlichen Kontakt aufzunehmen.

Die rituellen Tänze, die zu Ehren des wahnsinnigen Gottes stattfanden, vergleicht Dodds mit den rituellen Ausformungen der Korybanten[59], die ebenso orgiastische Tänze benutzten, um Phobien und Angstvorstellungen zu heilen.[60] Meist war der heilende Gott, also in unserem Falle Dionysos, zugleich Auslöser und Heiler des Wahnsinns. Denn nur der Gott, der die Krankheit verursachte, konnte sie auch heilen. Diese Dualität der Merkmale tritt auch in anderen Kulturkreisen auf. So gilt die ägyptische Göttin Sechmet sowohl als Verursacherin von Seuchen und Epidemien als auch als Göttin der Heilkunst.

Die organisierten mänadischen Kultvereine trafen sich zu diesen kontrollierten Ausbrüchen alle zwei Jahre, so in Theben, Opus, Melos, Pergamon, Priene, Rhodos, Alea in Arkadien, Mytilene, Kreta und Delphi. Diodor beschreibt das alle zwei Jahre stattfindende Fest so, dass die Teilnehmerinnen im Tanze die Mänaden nachahmten, die in alten Zeiten mit dem Gott verbunden gewesen sein sollen.[61]

Dodds geht davon aus, dass sich die dionysische *oreibasia* aus spontanen Tanzanfällen der Massenhysterie entwickelt hat. Dieses unkontrollierte Geschehen soll durch seine Überführung in den alle zwei Jahre stattfindenden Ritus in seiner Form gemildert worden sein.[62]

---

[57] E.R. Dodds, Griechen, 1970, S. 48 f.
[58] Orph. h. 50.
[59] Mit Korybanten werden die Kulttänzer der kleinasiatischen Kybele bezeichnet.
[60] E.R. Dodds, Griechen, 1970, S. 50; siehe dazu: Plut. Amat. 16. 758 F.
[61] Diod. IV 3.3.
[62] E.R. Dodds, Griechen, 1970, S. 143.

Seiner Theorie zufolge war es gefährlich, Personen mit einem abnormen Geisteszustand entgegenzutreten, da sie der Sphäre des Irrationalen, Göttlichen angehören. Dem widerspricht die Erzählung des Plutarch, welcher von verirrten Mänaden in Amphissa spricht, denen von den Frauen des Dorfes ohne weiteres geholfen wird.

Die weit verbreitete Ansicht, die Mänaden hätten rohes Fleisch gegessen (*omophagion*), lässt sich vonseiten der Quellen nicht halten, auch wenn eine Übertragung des Gottes auf ein Opfertier, welches dann rituell geopfert wurde, stattgefunden haben kann.[63]

3. Euripides und die rasenden Bakchen - Das literarische Bild des Mänadismus

„Wohlgefallen findet bei dem Gott, wer in den Bergen nach rasendem Lauf hinfällt auf die Erde, ins heilige Gewand des Hirschkalbfells gehüllt, und lechzt nach dem Blut des getöteten Bockes, dem Genuss rohen Fleisches, hineilend in phrygisch, lydischen Bergen, denn Bromios führt uns. Euoi! Von Milch überquillt der Boden, er überquillt von Wein, er überquillt von Nektar der Bienen."[64] „ Die es aber nach dem weißen Trank gelüstete, die kratzten mit ihren Fingerspitzen die Erde auf, und Bäche von Milch quollen ihnen entgegen, von den efeuumwundenen Thyrsen rannen Ströme süßen Honigs."[65]

So beschreibt der Athener Tragiker Euripides ca. 407 v. Chr. in einem seiner letzten Werke, „Die Bakchen", die Zauberkräfte der Begleiterinnen des Dionysos. Ungeklärt bleibt, ob Euripides oder sein gleichnamiger Sohn als Verfasser des Stückes in Frage kommt. Als ziemlich gesichert gilt, dass das Stück geschrieben wurde, nachdem Euripides Athen verließ, um an den Hof des Königs Archelaos in Makedonien zu gehen.[66] Euripides selbst war durch seine Geburt Mitglied einer attischen Phyle, in der ein als uralt angesehener Mysterienkult der „Großen Götter"[67] tradiert war. Die euripideische Darstellung der Mänaden als rasende Frauen, die in Hirschkalbfell gehüllt und den Thyrsos tragend für den Gott in Ekstase geraten und dabei rohes Fleisch verzehren, beeinflusste maßgeblich das Bild, das spätere Literaten und Künstler von Mänaden hatten.

---

[63] E.R. Dodds, Griechen, 1970, S. 148.
[64] Eur. Bacch. 134-143.
[65] Eur. Bacch. 708 ff.
[66] W. Ridgeway, Art.: Euripides in Macedon, in: The Classical Quarterly, Januar 1926, S. 1-19.
[67] Paus. IV 1.5, Pausanias spricht von den Großen Göttinnen und meint damit die eleusinischen Göttinnen Demeter und Persephone. Im Allgemeinen spricht man aber von der maskulinen Form, von den Großen Göttern und meint damit Demeter, Hermes und *Apollon Karneios*.

Da der Ursprung der Tragödie in den Kulten des Dionysos gesehen werden kann, können die Themen, die in den Bakchen auftauchen, als traditionell bezeichnet werden.[68]

Dionysos wurde gerade im philosophischen Diskurs des 20. Jahrhunderts zum Thema. Nietzsche formulierte in seiner „Geburt der Tragödie" die Formel, dass Dionysos Brutalität und Milde in sich vereint und dass das Dionysische die Menschen miteinander und mit der Natur verbindet. Segal greift diese Idee später wieder auf, indem Dionysos bei ihm zu dem Gott wird, der die Unterschiede zerstört.[69]

Auch Dodds betrachtet wie Nietzsche Dionysos als elementare Kraft der Natur. Für Dodds besteht eine Spaltung zwischen Natur und Kultur, welche durch Dionysos aufgehoben wird.[70]

Im folgenden wird zu ermitteln sein, ob Informationen über den Kult aus dem Stück zu extrahieren sind.

Das Werk beschreibt den Einzug des Dionysos in menschlicher Gestalt,[71] von seinen lydischen Mänaden begleitet, in Theben,[72] der Stadt, in der nach mythologischer Überlieferung die Tochter des Kadmos, Semele, Dionysos gebar und von Zeus getötet wurde. Sein Einzug, der gleichzeitig seine Rückkehr ist, vollzieht sich, nachdem er in Kleinasien seine Riten etablierte und dort seine Initiationen verbreitete. Er packt alle Frauen Thebens mit seinem dionysischen Wahnsinn und zwingt sie auf den Berg Kithairon zu ziehen, um ihn dort zu feiern. Als Grund für seine Wiederkehr nennt Dionysos die Zurückweisung durch die Schwestern Semeles und ihre Aussage, Dionysos sei nicht der Sohn des Zeus, sondern Sohn eines Sterblichen.[73] Dionysos offenbart sich den Thebanern als Gott und Kadmos, der alte König Thebens, sowie sein Seher Teiresias wollen ihm Ehre erweisen, auf das seine Größe wachse.[74] Der junge König Pentheus sträubt sich gegen den neuen Gott und will ihm nicht, wie sein Großvater Kadmos und der Seher Teiresias Dienst erweisen. Doch Pentheus` Neugier und die Erzählungen über die Zauberkräfte, die die Mänaden auf dem Kithairon entwickeln, sowie seine Vorstellung, die Mänaden trieben allerlei Unzucht dort, lassen ihn nicht ruhen. Mit einer List nutzt Dionysos die Neugier des Pentheus aus und schickt ihn als Mänade verkleidet auf den Kithairon. Die Mänaden auf dem Berg entdecken ihn, scheinen aber anstatt seiner ein wildes Tier wahrzunehmen, dass Agaue, seine Mutter, und die

---

[68] R. Seaford, Einleitung in: Euripides Bacchae, Oxford, 1996, S. 27.
[69] R. Seaford, Euripides, 1996, S. 31 ff.
[70] Dodds, 1951, S. 272 f.
[71] Eur. Bacch. 4-5.
[72] Eur. Bacch. 20-22.
[73] Eur. Bacch. 25-27.
[74] Eur. Bacch. 180-183.

anderen Mänaden mit bloßen Händen zerreißen. Stolz trägt Agaue in der Annahme, es sei ein wildes Tier den Kopf ihres Sohnes als Trophäe durch Theben.

Kadmos und Teiresias legen als einzige Männer bakchisches Gewand[75] an und begründen dies damit, dass sie die Einzigen seien, die bei Verstand sind, wohingegen alle anderen von Tollheit ergriffen sind. Kadmos will sich nicht mit einem Gott messen, da er weiß, dass er nur ein Mensch ist.[76] Beide versuchen Pentheus umzustimmen und den Gott doch noch zu ehren, denn für sie ist klar, dass Dionysos ebenso wie Demeter den Menschen die wichtigsten Gaben gebracht hat. Der eine brachte ihnen den Rebensaft, um den Menschen von seinem Leid zu befreien, die andere brachte ihnen das Brot, welches sie nährt.[77] Teiresias als Seher erkennt das Potential, das in der Verehrung des Gottes steckt, denn die bakchische Verzückung birgt für ihn die Seherkraft in sich. Er spricht davon, dass der, in dessen Leib der Gott zur Fülle eingedrungen ist, die Zukunft voraussagen kann.[78]

Pentheus nimmt diese Qualitäten nicht wahr und steigert sich in seiner Angst, die Kontrolle über seine Stadt zu verlieren, in Fantasien der Unzüchtigkeit der Mänaden hinein, welche für ihn gleichsam erschreckend und anziehend sind. Er will mit aller Gewalt seine Macht und seine Kontrolle zurück erlangen. Selbst wenn dies heißt, die Frauen seiner eigenen Stadt und die kleinasiatischen Mänaden zu töten. Pentheus sieht in Dionysos den Verführer, der die Frauen Thebens zur Unzüchtigkeit treibt. Teiresias der Seher versucht Pentheus klar zu machen, dass nicht Dionysos die Frauen zur Unzucht antreibt, sondern ihr Verhalten vom jeweiligen Charakter abhängt. Eine keusche Frau wird auch im bakchischen Ritual keusch bleiben.[79]

Die grenzüberschreitende Wirkung, die Dionysos hat, offenbart sich in der Aussage des Mänadenchors, welcher Dionysos als den beschreibt, der Hohes niedrig macht.[80] Pentheus, der mächtige weltliche Herrscher, legt sich mit einem Gott an und muss dabei unweigerlich zugrunde gehen. Selbst der Bote, den Pentheus aussandte um die Mänaden auszuspionieren, bittet ihn den Gott aufzunehmen, denn wenn dies nicht geschähe, würde es keinen Wein mehr geben und keine Liebe und alles was dem Menschen Freude macht.[81] Der Chor offenbart, warum Pentheus und Agaue bestraft werden, denn Dionysos bestraft die Menschen, die mitleidlosen Stolz hochachten

---

[75] Bakchisches Gewand meint ein Hirschkalbfell und den Thyrsosstab.
[76] Eur. Bacch. 196-198.
[77] Eur. Bacch. 274-279.
[78] Eur. Bacch. 289-301.
[79] Eur. Bacch. 314-315.
[80] Eur. Bacch. 601-602.
[81] Eur. Bacch. 773-774.

und die Götter nicht ehren.[82] Der Chor der Mänaden stellt mehrmals im Stück die Frage danach, was Weisheit ist und beantwortet dies mit der Aussage, dass der selig ist, wer dem Sturm auf dem Meer entrinnt und den Hafen erreicht und erkennt, dass man Mühsal und Leid nur entrinnt, wenn man erkennt, dass der Eifer nach weltlicher Macht und Reichtum sinnlos ist, denn es gibt immer jemanden, der einen in diesen Punkten übertrifft. Selig gepriesen werden die, für die jeder Tag des Lebens glücklich verläuft.[83]

Auch wenn der Dionysoskult auf den ersten Blick eher an Sinnesfreuden denken lässt, so offenbart sich doch hier auch ein anderer, eher asketischer Aspekt. Was der Mänadenchor hier als ehrvoll betrachtet ist eine gedankliche Askese, die Abstandnahme von emotionaler Hin- und Hergerissenheit und die Erkenntnis darüber, dass nicht Ruhm, Reichtum und Macht zum Glück verhelfen, sondern nur eine gewisse Gelassenheit[84] allen Dingen gegenüber. „Kurz ist das Leben: wer dennoch großen Zielen nachjagt, verfehlt das Mögliche."[85] Dieser asketische Aspekt lässt sich im historischen Kult aber nicht letztendlich belegen. Nur bei den Orphikern begegnet uns ein deutlich asketischer Zug, der sich etwa in dem Verzicht von Fleisch offenbart.

Pentheus ist geblendet von Machtgier und versucht zu bezwingen, was nicht bezwingbar ist und bezahlt dies mit dem Leben. Auch seine Mutter Agaue trägt stolz das Haupt ihres Sohnes in die Stadt und erhofft sich Ruhm und Ehre für ihre Tat.[86] Zu diesem Zeitpunkt fühlt man sich an die Aussage des Sehers Teiresias erinnert, der Pentheus sagte, dass alles was sich in der dionysischen Ekstase offenbart, nicht Werk des Dionysos ist, sondern dadurch geschieht, dass sich der Charakter des Besessenen nach außen kehrt. Somit lässt sich deuten, dass Agaue nicht durch den von Dionysos eingegebenen Wahnsinn ihren Sohn tötete, sondern dass ihr Streben nach Ruhm und Ehre dazu führte. Auch der Chor der kleinasiatischen Bakchen offenbart, dass ihre Tat elend ist und wohl nicht dem dionysischen Sinn entspricht.

Fraglich ist, ob die Textstellen, die sich mit der Frage befassen, was Weisheit ist, Hinweis auf Teile der dionysischen Mysterieninhalte geben können.

In dem Stück tauchen zwei verschiedene Gruppen von Bakchen auf. Wie Schlesier feststellte, ist das wesentlich unterscheidende Merkmal, dass die kleinasiatischen Mänaden dem Gott freiwillig dienen und die thebanischen von ihm gezwungen werden. Sie schließt daraus, dass nur die

---

[82] Eur. Bacch. 882-886.
[83] Eur. Bacch. 902-911.
[84] Eur. Bacch. 641.
[85] Eur. Bacch. 396.
[86] Eur. Bacch. 1198.

kleinasiatischen Mänaden in die Mysterien eingeweiht sind und Dionysos es nicht beabsichtigt, die thebanischen Frauen zu initiieren und er nach Theben kam, um die Grenze zwischen Eingeweihten und Uneingeweihten stärker zu ziehen.[87] Holzhausen widerspricht Schlesier in dem Punkt, da nach seiner Aussage Dionysos die Thebaner bestrafte, um sie in seinen Dienst zu zwingen und somit sein Ziel erreicht hat. Die Bestrafung soll seine Verehrung sichern. Holzhausen sieht keine starken Unterschiede zwischen den beiden bakchischen Gruppen, begründet wird dies damit, dass beide die heiligen Gewänder und Utensilien tragen und beide die gleichen bakchischen Lieder singen.[88]

Die Figur des Pentheus regte viele Forscher, wie beispielsweise Segal und Evans dazu an, ihn als Sinnbild der unterdrückten Emotionen anzusehen. Für Evans heißt das, dass Pentheus dem von ihm angenommenen unzüchtigen Treiben insgeheim zugetan ist und die Unterdrückung sich in Gewalt offenbart.[89] Segal meint sogar, bei Pentheus eine unterdrückte Homosexualität zu erkennen, welche sich in dem Moment offenbart, als Pentheus von dem weiblichen Aussehen des Dionysos ganz verzückt ist.[90] Diese psychologischen Deutungsmuster setzten also das Hauptaugenmerk auf die Unterdrückung von Emotionen. Fraglich ist, ob dies auch die Intention des Autors war.

Holzhausen konstruiert als Motiv des Pentheus sein Streben nach Macht und das Gefühl, den Göttern überlegen zu sein. In den Bakchen werden die Rollen vertauscht. Zuerst sind die friedvollen Mänaden, die in den Bergen die Tiere säugen, die Opfer, die von den Nachstellungen des Täters Pentheus betroffen sind. Dann wandelt sich das Stück und Pentheus wird zum Opfer seiner eigenen Fantasien und der List des Dionysos und Agaue wird zur Täterin, indem sie ihr eigenes Kind tötet.[91]

Holzhausen zeigt eine Verbindungslinie zwischen Pentheus und Dionysos: beide müssen um ihre Anerkennung und ihre Macht kämpfen und beiden geht es in erster Linie um Rache oder Gerechtigkeit, wobei hier die Grenzen fließend zu sein scheinen. Auch Seaford richtet sein Augenmerk auf Pentheus Haltung, die Andersartigkeit und Aggressivität des Dionysos zu betonen, ohne dass er dabei bemerkt, dass beide Charaktere sich sehr ähnlich sind.[92]

---

[87] R. Schlesier, Art.: Die Seele im Thiasos, in: ψυχή – Seele - anima, Festschrift für Karin Alt zum 7.Mai 1998, Stuttgart/Leipzig 1998, S. 50-53.
[88] J. Holzhausen, Euripides Politikos, Recht und Rache in Orestes und Bakchen, München/Leipzig 2003, S. 230 ff.
[89] A. Evans, The god of ecstasy. Sex roles and the madness of Dionysos, New York, 1988, S. 11.
[90] C.P. Segal, Dionysiac poetics and Euripides Bacchae, 2. Auflage Princeton, 1997, S. 189.
[91] J. Holzhausen, Euripides, 2003, S. 261.
[92] R. Seaford, Euripides, 1996, S. 33.

Die griechische Tragödie zeigt insgesamt ein sehr ambivalentes Bild der Frauen. Zum einen sind sie liebevolle Mütter, die sich um die Kinder kümmern und den heimischen Herd bewachen, zum anderen sind sie unkontrollierbare emotionale Wesen. Ihnen wird in der griechischen Antike eine ausgeprägtere Nähe zu rhythmischen, natürlichen Prozessen zugeschrieben als Männern. So seien sie, laut Segal, dem Reich der Tiere und der Natur durch Menstruation, Niederkunft und Säugen stärker verbunden.[93] Diese größere Verbindung zu natürlichen Prozessen, so auch der Vergänglichkeit aller Dinge, läuft konträr zu den antiken agonalen Vorstellungen zum Beispiel eines Homers, dessen Ideal unsterblicher Ruhm war und eine jenseitige Welt, in welcher der Tod keine Rolle spielt.

Diese hohen Ideale eines Homers die sich auch in der platonischen Philosophie finden lassen, entsprachen wohl nur zum Teil der Lebenswirklichkeit aus Wünschen und Ängsten, welche die Menschen beschäftigte.

Ein Hauptgrund für die starke Attraktion, die Dionysos auf Frauen ausübte, war, dass beide der gleichen Sphäre der unkontrollierbaren Emotionalität zugeordnet waren. Sie bilden somit beide einen chaotischen und potentiell gefährlichen Aspekt, der die Ordnung der Polis bedroht.[94] Die Ambivalenz, mit der Frauen in der Antike betrachtet werden, zeigt sich auch in Dionysos selbst. Dieser ist zum einen zwar ein olympischer Gott, der von der Polis bei den Großen Dionysien gefeiert wird, der aber zum anderen mit ekstatischen Tänzen in den Bergen Parnassos und Kithairon in Tiergestalt angerufen wird. Er ist eine männliche Gottheit und verkörpert doch die Emotionalität, die einer Frau zugesprochen wird und er hat keinerlei sexuelles Interesse an seiner weiblichen Gefolgschaft, im Gegensatz zum Göttervater Zeus, dessen sexuelle Verbindungen zu sterblichen Frauen legendär sind.[95]

Auch Kerenyi vertritt eine Theorie, nach der sich die besondere Anziehungskraft, die Dionysos auf Frauen ausübte dadurch erklären lässt, dass beide der Sphäre der Sinnlichkeit und der Visionen näher stehen. Kerenyi bezeichnet die dionysische Welt als eine primär weibliche Welt.[96]

Bei Euripides besteht die weibliche Gefolgschaft des Dionysos zum einen aus den von ihm mitgebrachten kleinasiatischen Mänaden und zum anderen aus den neu dazugekommenen

---

[93] C. Segal, Art.: The Menace of Dionysus: Sex Roles and Reversals in Euripides Bacchae, in: Women in the Ancient World, The Arethusa Papers, New York 1984, S. 196.
[94] C. Segal, Menace, 1984, S. 196.
[95] C. Segal, Menace, 1984, S. 195 ff.
[96] K. Kerenyi, Dionysos. Urbild des unzerstörbaren Lebens, Stuttgart 2. Auflage 1998, S. 92 ff.

thebanischen Mänaden. Erstgenannte repräsentieren in Euripides` *Bakchen* die von außen kommende Bedrohung, die fremde barbarische Kulte mitbringen und die zivilisierte Welt der Polis, hier Theben, ins Chaos stürzt.

Besonders bedrohlich erscheinen die Schilderungen davon, dass Dionysos durch Hymnen angerufen, in Form von einem wilden Tier im Ritual auf dem Kithairon erscheint, das dann von den Mänaden mit bloßen Händen zerrissen und dessen Fleisch roh verzehrt wird.[97] Das Zerreißen der tierischen Epiphanien des Dionysos und die Omophagie können als Spiegelung der mythologischen Zerreißung und Verspeisung des Gottes selbst durch die Titanen und im orphischen Sinne als Überwindung des leidenschaffenden Lebens und des Tod gesehen werden. Allerdings sind Tieropfer im orphischen Kontext nicht üblich. In dieser Schilderung lassen sich Elemente archaischer Kulte und Stammesreligionen vermuten, wie das Verspeisen von Tieren oder das Tragen von Fellen oder Knochen bestimmter Tiere um sich deren inne wohnenden Kräfte einzuverleiben.

Nach Segal befindet sich Pentheus, der Enkel des Kadmos, gerade in der Übergangsphase vom Jungen zum Mann und weist mit seiner Ablehnung des Dionysos und dessen weiblicher Anhängerschaft seine eigene Emotionalität und das Weibliche zurück und negiert somit seine eigene Existenz.[98] Dies führt dazu, dass er von seiner Mutter in Ekstase für ein Tier gehalten und zerrissen wird. Segal sieht in Pentheus, der zur Kriegergesellschaft gehört, das patriachiale Prinzip der Polis dargestellt, das durch gewaltsame Unterdrückung der Frauen dazu führt, dass nicht nach Integration sondern nach Spaltung gestrebt wird, welche eine ebenbürtige soziale Stellung der Geschlechter in der Gesellschaft verhindert. Der Tod des Pentheus wird hierbei nicht als Sieg des Dionysos über die männlichen Werte verstanden, sondern als Symbol des Versagens der ganzen athenischen Gesellschaft. Indem Dionysos alle Grenzen verwischt, so zwischen Jugend und Erwachsenen, zwischen Mann und Frau, verkörpert er alles, was Pentheus versuchte von sich zu weisen. Im freudianischen Sinne weist er den weiblichen Teil seiner Seele von sich.[99] Pentheus erscheint hier als voreingenommener Voyeur, der sich der Bedeutsamkeit der heiligen Mysterien nicht bewusst ist und sie ausspionieren will. Was er erfahren will, ist allerdings nicht das, was vor sich geht, sondern das, was er wünscht zu sehen. Seine Fantasie spielt ihm einen Streich und er erwartet, weil Dionysos ihm sagt, die Mysterienfeiern seien Nachts, dass allerlei Unzucht zu beobachten sei. „*Pentheus* Die heiligen Feiern - begehst du sie nachts oder bei Tag?

---

[97] Eur. Bacch. 734 ff.
[98] C. Segal, Menace, 1984, S.196 ff.
[99] C. Segal, Menace, 1984, S. 197 ff.

Dionysos Meist nachts: Ehrwürdig ist das Dunkel. *Pentheus* Weil es auf Frauen verlockend und verführerisch wirkt. *Dionysos* Wer auf Unsittliches aus ist, stöbert es wohl auch am hellen Tag auf."[100]

Euripides bietet mit seinem Werk, den „Bakchen" einen erhellenden Einblick in die Sichtweise der Athener auf den Dionysoskult seiner Zeit. Ein homogener Dionysoskult hat in Griechenland nicht existiert. Somit ist es für das Verständnis des Kultgeschehens unverzichtbar, genau zu analysieren, aus welchem regionalen und zeitlichen Kontext eine Quelle stammt. Der Dionysos des Euripides ist ein Gott der Orgie und des Wahnsinns. Der Aspekt der Fruchtbarkeit steht hier nicht im Vordergrund, sondern seine zerstörerische Komponente.

Diese Quelle ist in erster Linie ein Theaterstück, auch wenn das Schauspiel einen sozialkritischen Charakter hat und in einem religiösen Kontext aufgeführt wurde. Da sich sowohl Tragödie als auch Komödie aus dem dionysischen Ritual entwickelten, ist anzunehmen, dass die Geschichte sowohl wahre als auch dramaturgische Elemente enthält.

Gerade zur Zeit des Peloponnesischen Krieges, zu der Zeit also, als der Dichter die Bakchen schrieb, hatten die Mysterienkulte Hochkonjunktur. Jahre von Gewalt und Unsicherheit ließen den Wunsch nach Rettung und Trost wachsen. Innerhalb des athenischen Staates, welcher seine Blütezeit überschritten hatte, präsentierten sich Politiker, die nicht besonnen handelten, sondern die ihre Entscheidungen an den Gewinn von Macht und die Ausübung von Rache knüpften.[101] Vielleicht spiegelt der Pentheus von Euripides gerade diese politische Situation, in der die Götter nicht mehr geachtet wurden und der Wille zur unbedingten Macht das Hauptelement wurde.

Diese Motive müssen für den antiken Theaterbesucher ohne weiteres verständlich gewesen sein, stellen hingegen den Menschen des 21. Jahrhunderts vor Rätsel. Diesen Bezug zur historischen Realität der Bakchen von Euripides herzustellen wird im Laufe der Arbeit noch weiter vertieft werden.

Ebenso wie die durchscheinenden sozialkritischen Momente einen Blick auf die attische Realität des 5. Jahrhunderts gewähren können, so werden sich auch Anbindungen an die Mythologie und die Kultrealität finden lassen, wenn auch in sicherlich sehr unterschiedlicher Gewichtung. Zumindest legt die starke Verbindung des Gottes Dionysos zum Theater nahe, dass das Bild, das Euripides von den Bakchen erschuf, nicht völlig aus der Luft gegriffen sein kann. Eine

---

[100] Eur. Bacch. 485-488.
[101] H. Bengtson, HdA III.4, Griechische Geschichte – Von den Anfängen bis in die römische Kaiserzeit, München 1996, S.220.

Diffamierung der Anhängerinnen des Gottes Dionysos, der mythischen oder der real Praktizierenden, durch Falschdarstellung in den Bakchen wäre im Hause des Dionysos, dem Theater, wohl nicht denkbar gewesen.

Tendenziell zeigt Euripides ein Bild des Mänadismus auf, das die soziale Ordnung stört und die Alltagsregeln aufhebt. „...ins Gebirge, ins Gebirge, wo der Haufen der Frauen verweilt, fort von den Webstühlen, von den Spindeln gepeitscht von Dionysos".[102]

II. Herkunft und Epiphanien des Dionysos

1. Das mythologische Bild des Gottes Dionysos

Hellenistische Mythen besagen, dass Dionysos Sohn des Zeus und der Semele, Tochter des Thebengründers Kadmos, war[103], welche durch eine List von Hera durch das wahre Antlitz von Zeus vernichtet wurde. Doch bevor sie starb, nahm Zeus das Kind aus ihrem Schoß zu sich und pflanzte es zum Schutze vor Hera in seinen Schenkel ein.[104]

Nach drei Monaten befreite er Dionysos und übergab ihn Hermes, welcher ihn zu Ino und Athamas brachte. Diese sollten ihn zum Schutze seiner selbst als Mädchen erziehen. Hera schlug Ino mit Wahnsinn, welche Infolge dessen ihren eigenen Säugling tötete. Um Dionysos zu schützen, verwandelt Zeus ihn in einen Ziegenbock und bringt ihn nach Nysa zu den Nymphen in den Bergen, welche ihn als Ammen großzogen.[105]

Auch Dionysos wird nun endgültig von Hera mit Wahnsinn geschlagen[106] und eilt rastlos durch die Lande. Auf seinem Weg seine Mysterien zu etablieren, stößt er vielerorts auf Ablehnung so wie einst die Schwestern der Semele ihn nicht als Gott anerkannten.

Eine Orpheus zugeschriebene Dichtung erzählt eine Vorgeschichte zum Geburtsmythos des Dionysos. Danach soll der gehörnte Dionysos Sohn von Zeus und Persephone gewesen sein, welcher von seinem Vater die Herrschaft über die Welt erhielt. Hera neidete ihm diese Macht und ließ ihn von den Titanen zerfleischen. Zeus rettete Dionysos´ Herz und verschlang es, woraus später der Sohn des Zeus und der Semele entstand.[107]

---

[102] Eur. Bacch. 116.
[103] Hes. theog. 940.
[104] Eur. Bacch. 95 ff.
[105] Apollod. III 26 ff.
[106] Apollod. III 33.
[107] Orph. h. 30, 44.

Aufgrund dieser zwei verschiedenen Schöpfungsgeschichten nennt man Dionysos auch den zweimal Geborenen.

Auch schon Homer erzählt eine Geschichte, nach der Dionysos und seine Ammen in Nysa von Lykurgos durch die Berge gejagt wurden. Die Jagd endet damit, dass die Ammen getötet und Dionysos gezwungen wird, sich ins Meer zu retten und bei Thetis Schutz zu suchen. [108] Deshalb wurden vielerorts Riten abgehalten, bei denen eine Epiphanie des Dionysos aus Seen oder dem Meer von Bedeutung war.

Alle Zurückweisung endet damit, dass er diejenigen mit Wahnsinn schlägt, die ihn nicht als Gott anerkennen. So beschreibt Apollodor eine Begebenheit, nach der Lykurgos von Dionysos bestraft wurde indem er ihn wahnsinnig machte und dieser im Glaube, er sehe eine Weinranke, seinen eigenen Sohn mit einer Axt zerhackte.[109]

Überhaupt ist das Phänomen der Rasenden, die ihre eignen Kinder töten, als Folge der Nichtanerkennung der Göttlichkeit des Dionysos ein prägnantes Thema.

Allgemein besteht eine Feindschaft zwischen Dionysos, seinen Mänaden und Hera. So berichtet Nonnos von der Mänade Alkimacheia, die das Heraheiligtum mit Efeu, den Hera haßte, betrat und das Bild der Hera mit dem Thyrsos schlug.[110]

Somit ist die Beziehung des Dionysos zu den Frauen zweierlei Natur. Die eine Seite nährt und schützt ihn, die andere will seinen Tod oder verleugnet sogar seine Göttlichkeit.

Euripides beschreibt die Wandlungsfähigkeiten des Dionysos, so dass er sowohl als Stier, vielköpfige Schlange oder Löwe erscheinen kann.[111] Nicht nur das Auftauchen des Dionysos in Stiergestalt[112], sondern auch seine Gemahlin, in einer Tradition Ariadne, legen eine Verbindung zu Kreta nahe. Pausanias spricht von einem originär kretischen Dionysos, dem „Dionysos Kresios".[113] Auch die Frauen von Elis rufen einen tauromorphen Dionysos an, wie Plutarch in seinen griechischen Fragen erklärt. Die Anrufung lautet aber genauer, den Dionysos mit dem Fuße des Stieres[114] anzurufen und Plutarch interpretiert dies so, dass der Fuß des Stieres im

---

[108] Hom. Il. 6, 130 ff.
[109] Apollod. III 35.
[110] Nonn. Dion. 30, 195 ff.
[111] Eur. Bacch. 1018 f.
[112] Orph. h. 45.
[113] Paus. II 23.2 ff.
[114] Plut. greek questions 12.

Gegensatz zu seinen Hörnern harmlos ist und somit seine Erscheinung beim Ritual keinen Teilnehmer verletzten würde.

Doch muss man die Beschreibung noch weiter fassen. Nicht nur seine Verwandlungsfähigkeit in Tiere zeichnet ihn aus, sondern auch seine Androgynität. So beschreibt ihn Aischylos als „den Weibischen"[115] und Euripides als „frauenhaften Fremdling".[116]

In Kreta und zu bestimmten Festen in Attika wurde er als *Dionysos Dendritis*, als Baum- oder Vegetationsgott, verehrt. Ansätze dieses Ursprungs lassen sich auch noch zu hellenistischer Zeit auf Vasenmalereien nachweisen. Hier gibt es Darstellung, die eine rituelle Weinlibation zeigen, bei der in der Mitte ein Baumpfahl steht, dem ein Gewand und die Maske eines Dionysos übergestreift sind.

Wie schon erwähnt, konnte Dionysos als Stier *(Dionysos Bougenes)*, als Ziegenbock *(Dionysos Eriphios* oder *Eriphos)*, als Hirsch *(Dionysos Kemelios)* und als Löwe *(Dionysos Kechenos)* auftreten. Diese Tiere werden ihm attributiv zur Seite gestellt. Und genau diese Tierepiphanien verlangt der Dionysos des Altertums als Opfertiere.[117]

Dionysos wurde von den antiken Griechen nicht als urgriechischer Gott betrachtet, sondern wurde ursprünglich wie bei Euripides in Thrakien oder Kleinasien verortet. Ob dieser Gott wirklich nicht aus Griechenland kam, lässt sich heute schwer sagen, denn die Bestimmung des Dionysos als fremd kann auch mit seinen radikalen und brutalen Ausformungen zu tun haben, die in das geistig klar strukturierte Bild wie des Apollon oder der olympischen Götter nicht hineinpassten.

Auch Euripides flicht diesen kleinasiatischen Herkunftsmythos in sein Werk ein und erwähnt gleichzeitig eine Beziehung von Dionysos zu der düsteren Kybele, der „Großen Mutter".[118] Auf diese Verbindung wird im letzten Kapitel näher eingegangen.

---

[115] Aischyl. Fr. 61.
[116] Eur. Bacch. 353.
[117] B. Otto, König Minos und sein Volk. Das Leben im alten Kreta, Düsseldorf / Zürich 2000, S. 394 ff.
[118] Eur. Bacch. 78 ff.

2. Dionysos griechischer Gott?

Der Dionysoskult, dessen Herkunft von Erwin Rohde nach Thrakien, von Kerenyi nach Süden und Kreta verlegt wird, ist den Griechen nachweislich seit mykenischer Zeit, also 1200 v. Chr. bekannt, belegt durch Tontäfelchen in Linear B, welche in Pylos gefunden wurden. Kerenyi bezweifelt, dass der Gott des Weines aus einem Land gekommen sein soll, dessen Einwohnern die Griechen nachsagten, sie könnten nicht mit dem Wein umgehen und sie gehörten nicht zu den ersten Ländern des Weinanbaus.[119] Wissenschaftlich gesehen existieren aber keine genauen Angaben über das Herkunftsland des Kultes. Wahrscheinlicher ist aber, dass der Kult des Dionysos mit der Weinrebe zusammen aus Kleinasien kam. Im Iran wurden tönerne Trinkgefäße gefunden, die auf 3500 bis 2900 v. Chr. datiert sind und deren Gebrauch nach chemischer Analyse dem Weingenuss zuzuweisen sind. Von Kleinasien aus breitete sich der Weinanbau nach Ägypten, Kreta und Griechenland aus. In der griechisch-römischen Welt wurde beim Anpflanzen von Weinstöcken ein Zicklein geopfert, damit Dionysos die Reben prall werden lässt und das Blut seines Lieblingstieres erhielt.[120] Der Wein war eines der Mittel zur Erzeugung der dionysischen Ekstase.[121]

Belegbare Dionysoskulte lassen sich seit der archaischen Zeit, etwa 900 v. Chr., in ganz Griechenland nachweisen. Eine der ersten Quellen sind hierbei die homerischen Götterhymnen. Der Inhalt und die rituellen Ausformungen des Kultes stellen sich als mannigfaltig dar. Neben den großen institutionalisierten Dionysien in der Stadt Athen, zu dessen Gelegenheit große Umzüge in Kostümen und Theaterwettkämpfe stattfanden, gab es eine Reihe von kleinen ländlichen Dionysien und Feiern zu Ehren des jungen Weines, die Anthesterien. Die verschiedenen Kulte und Feste zu Ehren des Dionysos sind dabei aber nicht getrennt voneinander zu sehen, sondern als Spiegelung der verschiedenen Qualitäten, die Dionysos verkörperte, und regional unterschiedlich gefeiert wurden.

Dionysos verkörpert sich im antiken Theater und im Wein, sowie in allen lebensspendenden Flüssigkeiten. Seine Ritualform ist der ekstatische Tanz oder die besessene Raserei, welche sich

---

[119] K. Kerényi, Dionysos, 1998, S. 96.
[120] C. Rätsch, Art. Vitis vinifera Linné, in: Enzyplopädie der psychoaktiven Pflanzen, Aarau/Schweiz, 8. Auflage, S. 534 ff.
[121] Detienne 1992, Evans 1988.

im Rennen und Hüpfen sowie in der sich wiederholenden dionysischen Anrufung „Euoi"
offenbart.

Die Vielgestaltigkeit des Dionysoskultes, welcher von Fruchtbarkeits- und Vegetationsriten bis
hin zu eschatologischen Riten, der Befreiung der Mutter Persephone aus der Unterwelt, reicht,
lässt erahnen, dass auch hier genau auf die jeweiligen Kultbedingungen und Kultvorstellungen
geschaut werden muss. Wie auch schon Diodor bemerkte, gab es viele, die den Namen Dionysos
trugen.[122]

Sein Ansatz resultiert aus den mannigfaltigen Herkunftsmythen des Dionysos, nach dem
Dionysos einerseits als Sohn von Zeus und Persephone (*Dionysos Zagreus*), von den Titanen
zerrissen und erneut auf Kreta geboren sein soll und erst dort zu seinem vegetativen Aspekt die
Nähe zum Totenreich durch die Orphiker dazu bekommen hat[123] und andererseits beanspruchen
die Naxier, dass Dionysos, Sohn des Zeus und der Semele (*Dionysos Eleutherai*), als Säugling
den Nymphen der Naxier zur Erziehung übergeben wurde.[124] Sowohl bei Apollodor als auch in
den orphischen Hymnen werden die Nymphen als Ammen des Dionysos bezeichnet, welche mit
ihm in den Bergen schwärmen.[125]

3. Der thrakische Dionysos

Für die Theorie der Herkunft des Dionysos aus dem thrakischen Raum liefert uns Plutarch
Informationen. In seiner Alexander-Vita schrieb er, dass die makedonischen Frauen von alters
her in die dionysischen und orphischen Orgien[126] eingeweiht waren.[127] Interessant an dieser
Beschreibung ist zudem, dass die dionysischen und die orphischen Orgien in einem Atemzug
genannt werden, so dass eine Verbindung beider nahe liegt. Welche Verbindungslinien das sein
können, wird zu einem späteren Zeitpunkt erhellt.

Makedonien war dem Einfluss von Thrakien und seinen Religionen besonders ausgesetzt und
gerade ekstatische oder orgiastische Kulte waren dort beheimatet. Nur in Thrakien wird die

---

[122] Diod. V 75.11, S. 303.
[123] Diod. V 75.9, S. 303.
[124] Diod. V 52.2-3.
[125] Apollod. III 29; Orph. h. 52 & 53.
[126] *Orgia* bezeichnete ursprünglich eine Kulthandlung der Mysterien (Hom. h. Dem. 273.476; Aristoph. Thesm. 948). Später wird sie die Bezeichnung für ekstatische Kulthandlungen im besonderen beim Kult des Dionysos und beim orientalischen Sabazios.
[127] Plut. Alexander Vita, 3.

Mutter des Dionysos, Semele, als Göttin verehrt. Im griechischen Kultus ist sie eher eine Randerscheinung.

Der Name *dionnusos* wird allgemein als *dion nusos* gedeutet und der erste Wortteil als Genitiv von Zeus, was im Endeffekt soviel bedeutet wie „Sohn des Zeus". Das zweite Element des Wortes erinnert an den Namen des thrakischen Ortes Nysa, an dem Dionysos der Legende nach von Nymphen großgezogen worden sein soll.[128] Diese Mythe war auch schon zu homerischen Zeiten bekannt. Nilsson interpretiert die Bedeutung der Mutter des Dionysos, also Semele, aufgrund von phrygischen Grabinschriften als thrakisch-phrygische Erdgöttin und versucht dadurch den entgültigen Beleg zu erbringen, dass der Kult selbst thrakisch-phrygischen Ursprungs ist.[129]

Auch hatte Dionysos bei dem Stamm der Satren in Thrakien eine Orakelstätte auf den Bergen, wobei es hier männliche Propheten und eine weibliche Seherin wie in Delphi gab.[130]

Ein weiteres Orakel des Dionysos in Griechenland gab es in Amphikleia in Phokis; hier galt Dionysos als Weissager und Krankenheiler. Die Heilung der Kranken erfolgte hier durch Träume, welche von einem Priester, der sich von Dionysos in Besitz nehmen ließ, gedeutet wurden.[131]

Die Verbindung von Dionysos zu Orakeln ist recht ungewöhnlich, da normalerweise Apollon, nicht Dionysos, ein weissagender Gott ist.

Eine der Haupttriebkräfte der Verbreitung des Dionysoskultes in Thrakien und Makedonien war die Orgiastik und der Mänadismus, welcher dort in besonderen Formen auftrat, deren flammendste uns bekannte Teilnehmerin Olympias, Mutter Alexander des Großen, war. Plutarch beschreibt dass sie sich mit barbarischer Wildheit der religiösen Begeisterung hingab. Bei den dionysischen Umzügen soll sie große zahme Schlangen bei sich behabt haben, welche oftmals aus den heiligen Körben herauskrochen.[132]

---

[128] Apollod. III 29.
[129] M.P. Nilsson, HdA V 2.1, Geschichte der griechischen Religion, München 1940, S.567 ff.
[130] Hdt. V 7; Suet. Aug. 94.
[131] Paus. X 33,11.
[132] Plut. Vita Al. 2.

4. Der lydisch-phrygische Dionysos

Bei Euripides lassen sich verschiedene Hinweise auf eine lydisch-phrygische Herkunft finden.
Zum einen bezeichnet er Dionysos als thrakischen Seher, zum anderen sind seine Begleiterinnen
kleinasiatischen Mänaden aus den phrygischen Bergen, „die den heiligen Tmolos verließen zum
leichten Dienst für Bromios, um Dionysos preisend zu besingen, wie es schon immer Brauch
war".[133]

Die Verbindung zwischen Thrakien und Phrygien sieht Nilsson hierbei in
Auswanderungsschüben von thrakischen Stämmen um 1200 v. Chr. ins kleinasiatische Phrygien.
Dort kamen die eingewanderten Stämme in Berührung mit den kleinasiatischen Kulten wie dem
Kult der „Großen Mutter"[134]. Auch sind Orgien des Dionysos in Kleinasien bekannt, welche sich
allerdings von den griechischen unterscheiden. So feierte man hier Orgien zu Ehren des
Dionysos, aber nicht wie in Delphi im Winter, sondern in der Übergangszeit vom Frühling zum
Sommer. Die Lyder sollen zu dieser Zeit ein Fest gefeiert haben, bei dem zu Ehren des Dionysos
Schlangen zerrissen wurden.[135]

Den orgiastischen Aspekt des Dionysos sieht Nilsson eher im thrakischen Dionysos durch die
Verschmelzung mit Sabazios. Es ist wahrscheinlich, dass die thrakischen Einwanderer in
Kleinasien auf Dionysos trafen und ihn mit Sabazios verschmolzen. Der Name Bakchos hingegen
ist lydischen Ursprungs. Da die vorgriechische Kultur nicht nur Griechenland umfasste, sondern
auch die Südwestküste Kleinasiens, liegt die Vermutung Nilssons nahe, vorgriechische Elemente
in dem lydisch-phrygischen Dionysos wiederzufinden. Den Erfolg, mit welchem der
Dionysoskult in Griechenland Fuß fasst, erklärt sich Nilsson in der kulturellen Entwicklung
Griechenlands, nach der zu minoisch-mykenischer Zeit[136] ausgeprägte ekstatische
Vegetationskulte in Griechenland existiert hatten, welche nunmehr wieder ihre Erfüllung in
Dionysos fanden.[137] Nilsson denkt somit an eine Wiederentdeckung einer Kultform die schon seit
langer Zeit dort existierte und nur eine Phase des Verschwindens durchlebt hat.

---

[133] Eur. Bacch. 64 ff.
[134] Mater Magna ist der Name unter dem der Kult der altanatolischen Muttergöttin Kybele eingeführt wird.
[135] M.P. Nilsson, Geschichte der griechischen Religion. Die Religion Griechenlands bis auf die griechische
Weltherrschaft, HdA V 2.1., 1955, S. 579 ; Galenos, de antid. I 6, XIV p.45.
[136] Die minoisch-mykenische Zeit reichte vom 3. Jt. v. Chr. bis etwa 1200 v. Chr.
[137] M.P. Nilsson, HdA V 2.1., Geschichte, 1955, S.581.

Der Kult des *Dionysos Eleutherai* nahm seinen Anfang in Eleutherai am Berg Kithairon.[138] Der Mythe nach soll Dionysos hier zum ersten Mal in Griechenland aufgetaucht sein. In ein schwarzes Ziegenfell gekleidet, begegnet er den Töchtern des Eleuthers, welche ihn verspotten, woraufhin er sie mit dem Stachel des Wahnsinns sticht und sie in Raserei umherirren lässt. Das Motiv des zurückgewiesenen Gottes der mit aller Gewalt Achtung fordert, wird uns bei Dionysos noch häufiger begegnen.

5. Dionysos Sabazios

Der Dionysos, der sich in Makedonien etablierte, war der *Dionysos Sabazios*. Hierbei wurde der bereits existente makedonische Gott Sabazios wahrscheinlich mit Dionysos zu einer göttlichen Person verschmolzen. Sabazios[139] ist ein phrygisch – thrakischer Fruchtbarkeitsgott. Während der Rituale sollen die Teilnehmer sich in Rauschzuständen mit ihrem Gott vereint haben. *Sabaium* bedeutet soviel wie Gerstenbier. Als Herr der berauschten Silene ist er Dionysos wesensverwandt, auch orgiastische Elemente lassen sich bei beiden finden.
Seit dem 5. Jahrhundert dringt der phrygische Gott nach Griechenland, Thrakien und Makedonien vor, dessen Rituale unter Mitführen von Schlangen ausgeübt wurden.

So unterschiedlich wie die Herkunftsmythen müssen auch die Kultausprägungen gewesen sein. Hier wird bei den unterschiedlichen Kulten zu prüfen sein, inwieweit sich die Erscheinungsform und Fähigkeit des Dionysos unterschieden und wie diese Einfluss auf den Kult ausüben.
Ob nun ursprünglich mykenischer Vegetationsgott, orphischer Wiedergeborener, kleinasiatischer Fruchtbarkeitsgott oder der euripideische, düstere Dionysos, der die Menschen mit dem Stachel des Wahnsinns sticht, all diese Aspekte werden unter dem Namen Dionysos zusammen gefasst und nur durch den Beinamen werden weitere Qualitäten transportiert.

---

[138] Paus. I 38.8 f.; Strab. IX 2.31
[139] Sabazios ist ein Phrygisch-thrakischer Gott der vegetativen Fruchtbarkeit. Seine Feste wurden in orgiastischen Umzügen gefeiert, wobei die ekstatischen Anhänger den Gott mit dem Kultruf *„euoi saboi"* anriefen. (Demosth. or. 18, 259 f.)

6. Die Verschmelzung von Dionysos und Osiris in Delphi

Der Apollonpriester Plutarch beschreibt in seinen religionsphilosophischen Schriften, die seiner Freundin Klea, einer Isispriesterin und Führerin der Thyiaden in Delphi, gewidmet sind, „...dass Osiris kein anderer ist als Dionysos, wer sollte das besser wissen als du, Klea, da du Leiterin der Thyiaden in Delphi bist und dem heiligen Dienst des Osiris von Vater und Mutter her geweiht bist."[140]

Hier offenbart sich ein spezieller regionaler Blickwinkel auf Dionysos, in seinem Bedeutungswert für die Priester von Delphi. Die Verbindungslinie erklärt sich für Plutarch aus den gemeinsamen Leidenswegen der beiden Götter. Osiris wird durch Seth, bei Plutarch ist es Typhon, zerstückelt und im ganzen Land verteilt. Seine Geliebte und Schwester Isis fügt die Teile wieder zusammen. Auch Dionysos wird von den Titanen zerstückelt und gegessen, um erneut durch Zeus` Hilfe wiedergeboren zu werden. Eine weitere Verbindungslinie sieht Plutarch in der Verbindung der beiden Götter zum feuchten Element. Schüler der Ägypter wie Homer und Thales erklärten das Wasser zum Grundelement und Ursprung aller Dinge. Die Ägypter nannten Dionysos „Hýes" als Herrn der feuchten Natur, welcher kein anderer als Osiris ist.[141] Auch offenbart sich bei Plutarch ein genaues Bild der Entwicklung von Dämonen zu Göttern. Die Geschichten von Isis und Osiris sind in seinen Augen weder Geschichten von Göttern noch von Menschen, sondern von großen Dämonen, die im Gegensatz zu den Göttern für Lust und Schmerz empfänglich waren. Auch klassifiziert er verschiedene Grade der Vollkommenheit und Unvollkommenheit bei den Dämonen, wobei Isis und Osiris durch ihre guten Taten später von den Dämonen zu Göttern aufgestiegen seien, und Typhon[142], ihr Widersacher, Leid und Schmerz über die Menschheit bringt und somit zu den unvollkommenen Dämonen zählt. Somit sind Natur und Charakter der Dämonen ungleichartig und gemischt.[143]

Platon bezeichnet die Dämonen als Vermittler zwischen den Menschen und den Göttern. Sie überbringen Gebete und Bitten an die Götter und bringen von dort Wahrsprüche und gute Gaben zu den Menschen herab.[144] Plutarchs Ansicht von den „guten Dämonen"[145] offenbart sich in

---

[140] Plut. Isis und Osiris 35.
[141] Plut. Isis und Osiris 34.
[142] Typhon ist ein altgriechisches, von orientalischen Mythen beeinflusstes, Mischwesen, mit 100 Drachenköpfen. Er soll Sohn des Tartaros und der Gaia gewesen sein, die ihn, nach dem Titanensturz als Weltherrscher dem Zeus entgegensetzten (Hes. theog. 820 ff.).
[143] Plut. Isis und Osiris, 25-26.
[144] Plat. Symposion 202 E-203.

seiner Beschreibung von der Entstehung von Einweihungsriten. Isis und Osiris konnten kraft ihrer guten Bewährung, genauso wie später Dionysos, von guten Dämonen zu Göttern aufsteigen. Ihre Leidenswege und Erfahrungen sowie ihre gewonnene Weisheit werden mittels heiliger Einweihungsriten an den Menschen weitergegeben. Dass Kulte, die Gottheiten betrafen, welche von Dämonen zu Göttern geworden waren, von vielen Menschen, Männern wie Frauen ausgeübt wurden, erklärt sich Plutarch damit, dass sie sowohl die Rituale für die Dämonen als auch für die Götter erhielten.[146] Da Plutarch in seiner Schrift an Klea schreibt, dass keiner besser als sie wisse, dass Dionysos derselbe ist wie Osiris, ist anzunehmen, dass die delphische Auffassung von Dionysos und auch die der delphischen Thyiaden ähnlich war.

7. Dionysos Liknites

Der *Dionysos Liknites* taucht nur dreimal in der Literatur auf, einmal bei Plutarch und zweimal in den orphischen Hymnen, welche wahrscheinlich in Kleinasien, vermutlich in Pergamon, gedichtet wurden.[147] Plutarch spricht davon, dass die Thyiaden von Delphi den *Dionysos Liknites* erwecken. [148] Nilsson nimmt an, dass Plutarch selbst in die Dionysosmysterien eingeweiht war, was sich allerdings nicht beweisen lässt.

In den orphischen Hymnen lässt sich eine Anrufung des *Dionysos Liknites* finden. So heißt es dort: „Der einst mit tanzendem Schritt durch Eichwälder hüpfte, mit den reizenden Nymphen. Von göttlichem Wahnsinn erfüllt...Seliger, komm in Gnade, nimm die freundlichen Opfer auf...und der Nymphen geliebter Spross."[149]

Der Liknon ist kein sakraler Gegenstand an sich, sondern wird dies erst durch seine Benutzung. Der Liknon ist ursprünglich ein agrarischer Gegenstand, der dazu genutzt wurde, die Spreu vom Weizen zu trennen. Dennoch wurde der Korb außerhalb der Erntesaison dazu benutzt, Säuglinge darin zu tragen. Nilsson nimmt an, dass die Dionysosmaske im Liknon zum Ritual getragen wurde, um dort an einem Pfahl aufgehängt zu werden.[150] Auch die Begleiterinnen des Umzuges zur Zeit Ptolemaios Philadelphos trugen Likna mit sich. In dem Liknon stand oftmals ein Phallus,

---

[145] Plut. Isis und Osiris 30.
[146] Plut. Isis und Osiris 27.
[147] M.P. Nilsson, Mysteries, 1957, S. 38.
[148] Plut. de Iside 365 A.
[149] Orph. h. 45.
[150] M.P. Nilsson, Mysteries, 1957, S. 28.

der mit Pinienzapfen, Wein, Efeu und Früchten geschmückt war. Nilsson nimmt an, dass das Symbol des erigierten Phallus aus dem Kult des Priapos entlehnt ist und aufgrund seiner relativen Nähe zur Fruchtbarkeit in den Dionysoskult Einzug hielt.[151]

Die Delphier glaubten, dass die Überreste des Dionysos beim Orakelheiligtum aufbewahrt wurden. Dort vollbrachte eine Gruppe von fünf Amtsträgern, die *Hosioi*, ein geheimes Opfer im Apollontempel, während die Thyiaden den *Dionysos Liknites*, den Gott der Getreideschwinge, als Kind zum Leben erweckten.[152] Das Kind im Liknon wird gemeinhin als Repräsentant der Fruchtbarkeit angesehen, welche im Frühling zu neuem Leben erweckt wird. So berichtete auch Plutarch, dass die Phryger glauben, dass der Gott im Winter schläft und im Sommer zu neuem Leben erweckt wird.[153] Wenn aber Plutarch von Dionysos in Delphi spricht, hat er dabei keinen Vegetationsgott in Sinn, sondern den orphischen, der von den Titanen zerrissen und wiedergeboren wird. Nilsson sieht in dem Dionysos, den die Thyiaden alle zwei Jahre anrufen und der in der dreiundfünfzigsten orphischen Hymne besungen wird, nicht den Fruchtbarkeitsgott, sondern einen chtonischen, da auch die Festzeit alle zwei Jahre nicht mit dem vegetativen Zyklus zusammenhängt. In der dreiundfünfzigsten orphischen Hymne heißt es, dass der Bakchos, der jedes zweite Jahr erscheint, der chthonische Dionysos, wiederauferstehen wird aus dem heiligen Hause der Persephone mit seinen Nymphen von seinem heiligen bakchischen Schlaf von zwei Jahren.[154] „Dies ist nicht der Gott der Fruchtbarkeit, der jeden Frühling mit der Vegetation wiedererwacht, sondern der Gott der Orgie."[155] Im sechsundvierzigsten orphischen Hymnus heißt es, dass er durch den Willen von Zeus zur feinen Persephone gebracht wurde, welche ihn zu einem unsterblichen Gott machte. Dieser Punkt wird noch wichtig sein, wenn Persephone und Dionysos z.B. bei den eleusinischen Mysterien in Verbindung treten. Zudem wird eine Verbindung zur Unterwelt deutlich.

Dionysos verkörpert sich bei den Griechen nicht nur im Wein, sondern in allen lebensspendenden Flüssigkeiten. So erscheint er auch als Beschützer der Obstbäume. Dazu Pindar: "Wachstum schenke der Bäume Gefild freudvoll Dionysos, heilig-rein leuchtend über der Ernte."[156]

---

[151] M.P.Nilsson, Mysteries, 1957, S. 35.
[152] Plut. Isis und Osiris, 35.
[153] Plut. de Iside 389 C.
[154] Orph.h. 53.
[155] M.P. Nilsson, Mysteries, 1957, S.40.
[156] Pindar Fr. 153 (Snell); Plut. Isis und Osiris, 35.

8. Dionysos der Weingott

Dionysos gilt seit Hesiod[157], der den Wein die Gabe des *Freudreichen Dionysos* nennt, als Gott des Weines. Ein Aspekt des Gottes, der sich im Laufe der Zeit als Hauptmerkmal festsetzen wird. Nilsson nimmt an, dass es den Weinanbau in Griechenland schon vor dem Aufkommen der Gottheit Dionysos gab und dass es bereits Rituale zum Weinanbau gab, zu denen Dionysos erst später hinzugefügt wurde.[158] Dies allerdings widerspricht der Tatsache, dass der Name Dionysos bereits auf Linear–B Tafeln gefunden wurde. Dennoch ist es wahrscheinlich, dass sich verschiedene Kulte ähnlicher Art vermischt haben, z.B. wie beim Ritual des *Dionysos Liknites*, bei dem in einem Liknon ein Phallus steht, der an Kulte des Priapos erinnert. Feste, die sich hauptsächlich um die Entwicklung des Weines drehten, waren die Haloen, die Anthesterien und die Oschophorien[159].

Der Wein hat eine festen Platz in den Ritualen des Dionysos, ohne dass die Berauschung mit dem Getränk oder die Ekstase dadurch im Vordergrund stehen würden. Vielmehr sind die Rituale mit dem Wein ein magischer Akt, der die gute Transformation des Weines gewährleisten soll. Im Frühjahr, wenn der Wein gegoren war, wurde er zu den Anthesterien in Athen eingesegnet. Der Dionysos, der für dieses spezielle Ritual Schutzherr war, war der *Dionysos Limnaios*, dessen Heiligtum nur einmal im Jahr zum 12. Anthesterion geöffnet wurde. Die Basilinna[160] wurde dem Gott zur Gemahlin gegeben und überwachte das Opfer, das die Gerären dem Dionysos vollbrachten. Die Gerären waren vierzehn Frauen die besondere Obacht über den magischen Akt hatten.[161] Nach Sonnenuntergang trugen die Gerären Kränze zur Priesterin in den Tempel, wo sie als Libation an den Gott die Neige des Weines ausgossen.[162] Zudem wurde der aus den Fässern geschöpfte Wein in den Tempel gebracht und vor dem Kultbild des Gottes gemischt danach wurde der Wein gekostet.[163] Die Segnung und das Kosten des Weines durch die Basilinna und die Gerären werden von Nilsson als Aufhebung eines Tabus gewertet, der den Genuss des

---

[157] Hesiodos war ein epischer Dichter aus Askra in Boiotien, welcher um 700 v. Chr. lebte.
[158] M.P. Nilsson, Geschichte der griechischen Religion, Die Religion Griechenlands bis auf die griechische Weltherrschaft, HdA V2.1, München 1955, S. 585.
[159] Die Oschophoria ist ein altes attisches Erntefest das mit einer *pompe* begonnen wurde. Die Prozession wurde von zwei als Frauen verkleideten Jünglingen angeführt und von einem singenden Chor verfolgt.
[160] Die Basilinna ist die Gattin des obersten Beamten Athens, dem Archon Basileus.
[161] M.P. Nilsson, Geschichte, 1955, S. 587.
[162] M.P. Nilsson, Geschichte, 1955, S. 587; Athenaios X 437 D.
[163] M.P. Nilsson, Geschichte, 1955, S. 587; Athenaios XI 465 A.

Weines frei gibt. Auf die Festordnung der Anthesterien wird in einem späteren Kapitel noch näher eingegangen.

Auch ist dem Weingott, dem *Lysios Lenaios*, ein orphischer Hymnos geweiht. So heißt es hier: „Kelternfreundlicher Bakchos...Ruhmreicher, erlösender Daimon...Nährer der freudenbringenden Frucht, Erdenzerreißender, Kelterngott...Den Sterblichen zeigest du das leidenbeendende Heilmittel, die heilige Blume...Erlösender Gott...Rasender mit dem Thyrsosstab, Lärmender, Jubelnder...Nun, so rufe ich dich! Komm in den Kreis der Geweihten, du holder Bringer der Früchte!"[164]

9. *Iakchos*

Die Bezeichnung Iakchos als Erscheinungsform von Dionysos tritt erst nach der Inkorporation von Eleusis in den athenischen Staat (etwa 600 v. Chr.) auf. Dort ist er der Führer des ekstatischen Festumzuges von Athen nach Eleusis und steht Seite an Seite mit Demeter und Kore - eine Verbindung, die sich auch in Rom unter den Namen Liber, Libera und Ceres durchsetzten wird.

Im folgenden wird zu klären sein, welche Verbindung zwischen Dionysos und Demeter und Iakchos besteht.

Aus dem Kultausruf *iachae*, mit dem der Prozessionszug nach Eleusis angestimmt wurde, ist der Gott Iakchos entstanden, welcher zuerst ein eigenständiges göttlicher Wesen war. Mit *iachae* verwandte Worte sind *iacho* und *iacheo*, welche nach Fritz Graf bei Homer Ausdruck von Lärm sind, welche eine erregte, schreiende Menschenmenge verursacht.[165] Zudem kann es Ausdruck von Furcht als auch von freudigen Kultgesängen sein eine ähnlich aufgebrachte und ambivalente Stimmung ist also auch bei diesem Ritualelement zu denken.[166]

Da Iakchos große Ähnlichkeit mit dem orgiastischen, fackelschwingenden Dionysos hatte, wurde er schon von Sophokles mit diesem gleichgesetzt.[167] Dionysos wird hier zum Herr in Eleusis Tälern, wohin alles zu Demeter wallt,[168] zum Entsühner der vom Parnass herabsteigt,[169] und eine kathartische Reinigung vornimmt.

---

[164] Orph. h. 50.
[165] Hom. Il. 2, 394 ff.
[166] F. Graf, Eleusis und die orphische Dichtung Athens in vorhellenistischer Zeit, Würzburg 1974, S. 56.
[167] M.P. Nilsson, Geschichte, 1955, S. 664. Sophokl. Ant. V. 1150 ff.
[168] Soph. Ant. 1119 ff.
[169] Soph. Ant. 1143 ff.

Auch in Aristophanes Komödie die „Frösche", welche 405 v. Chr. an den Lenäen aufgeführt wurde, wird Dionysos als Iakchos gerufen, der den Chor nun tanzend nach Eleusis begleiten soll.[170] Graf stellt fest, dass der aristophanische Iakchos und der euripideische Dionysos, sich nicht nur äußerlich ähneln, sondern zudem wesensverwandte Merkmale aufweisen. Der aristophanische Mystenchor besingt die wundervollen Auswirkungen der Erscheinung des Gottes, nach der die Last der Jahre wie abgeschüttelt scheint.[171] Auch Euripides weiß ähnliches zu berichten. Der Seher Teiresias und der alte König Kadmos, welche auf Geheiß des Gottes in die Berge ziehen, vergessen, dass sie Greise sind.[172]

Ebenso setzt Euripides, Dionysos mit Iakchos gleich und lässt die thebanischen Mänaden für Iakchos tanzen.[173]

Bei Nonnos[174] wird der Bakchos – Iakchos von seinem Vater den eleusinischen Bakchen zur Pflege übergeben. Infolge dessen sollen von da an die Athener für drei Dionysoi getanzt haben: Zagreus, Bromios und Iakchos.[175]

Strabon hingegen grenzt die beiden Gottheiten voneinander ab, indem er Iakchos als den beschreibt, der zu Demeter gehört.[176]

Nach Grafs Rekonstruktionen, gab es sowohl Vermischungen der beiden Gottheiten als auch Trennungen im Kultus. So wird in den eleusinischen Inschriften nur Iakchos genannt. Trotzdem besaßen beide ähnliche Qualitäten, welche sich in ekstatischen Zuständen während der Prozessionen ausdrückte. Dionysos und Iakchos sind nicht identisch, für den Mysten aber waren die Erlebnisse während des Ritual ähnlich.

Der festliche Umzug der Mysten[177] von Athen nach Eleusis, am 19. Boedromion, zählte zu den Agonen, zu den dramatischen Spielen und ist somit ein vorbereitendes oder einleitendes Ritual.[178]

Fritz Graf rekonstruiert folgenden Kultablauf der Prozession: Demnach warteten die festlich gestimmten Teilnehmer auf der Agora, während die eleusinischen Priester die *Hiera* über die Agora bis zum Iakcheion, in der Nähe des Keramikeion brachten. Im Folgenden soll dann eine

---

[170] Aristoph. Ach. ran. 324 ff., 372 ff.
[171] Aristoph. Ach. ran. 346 f.
[172] Eur. Bacch. 188 ff.
[173] Eur. Bacch. 725 ff.
[174] Nonnos von Panopolis verfasste die Dionysiaka in 48 Bänden, eine mythologische Lebensgeschichte des Dionysos.
[175] Nonn. Dion. 48, 966 ff.
[176] Strab. 10, 3, 10.
[177] Aristoph. Ach. Ran. 399 ff.
[178] M.P. Nilsson, Geschichte, 1955, S. 587.

Iakchosstatue an die Spitze der Prozession gereicht worden sein. Eine erste Anrufung des Gottes soll bei seinem Tempel des Iakcheion vollzogen worden sein.[179]

Beweise für eine kultische Verbindung zwischen Demeter und Dionysos gibt es wenige, auch wenn Diodor Iakchos–Dionysos zum Sohn der Demeter werden lässt.[180]

Nilsson sieht zwischen den Göttern eine starke Verbindung, deren Hauptnenner die archaisch anmutenden Fruchtbarkeitsrituale und die geheimen Mysterien sind.[181] In einem späteren Kapitel wird auf dieses Phänomen näher eingegangen.

Graf geht davon aus, dass Dionysos in Eleusis als Sonderform zu Iakchos wurde, welcher nun ein eingeschränktes Spektrum an Fähigkeiten hatte, welche sich auf das Anführen des Prozessionsweges beschränkte.[182]

10. Die Orphiker – Dionysos Zagreus

Die Orphiker benennen sich nach dem mythischen Sänger Orpheus, welcher durch seine Musik Mensch und Tier in seinen Bann zog[183] und in Thrakien verortet wurde. Orpheus gilt als der Erfinder der Musik und der Dichtkunst und ist somit auch Schutzpatron der Dichter.

Mythologisch ist seine Hadesfahrt von besonderer Bedeutung. Er steigt in die Unterwelt hinab, um seine von einem Schlangenbiss getötete Frau, Eurydike, heraufzuholen. Sein Unterfangen scheitert, und so muss er ohne seine Frau in die Welt zurückkehren. Dort verehrt er nun nicht mehr Dionysos, sondern *Helios–Apollon*. Dionysos, darüber erzürnt, schickt seine kleinasiatischen Mänaden aus, um ihn zu zerreißen.[184] Hierin spiegelt sich ein häufiges dionysisches Motiv: Der zurückgewiesene Gott ist erzürnt und schlägt seine Gegner entweder mit Wahnsinn oder tötet sie. Die Auflehnung des Orpheus gegenüber Dionysos kostet ihn das Leben.

Dies könnte auch ein Grund dafür sein, dass die Orphiker Dionysos viel Macht zusprachen, ihm einen Grossteil der orphischen Hymnen widmeten und ihm eine prominente Stellung im Kult einräumten. Die Orphiker besaßen als einzige *ieroi logoi*, heilige Schriften, welche die orphische Dichtung bildeten, die im 6. und 5. Jahrhundert v. Chr. verfasst wurden.[185]

---

[179] F. Graf, Eleusis 1974, S.48 ff.
[180] Diod. III 64.1.
[181] M.P. Nilsson, Geschichte, 1955, S. 601.
[182]F. Graf, Eleusis 1974, S. 51 u. 66.
[183] Apollod I. 14.
[184] Eratosth. catast. 24.
[185] K. Ziegler, Art.: Orphische Dichtung, in: Der kleine Pauly – Lexikon der Antike, Band 4, München 1979, S.356.

Erst Onomakritos, ein orphischer Dichter des 6. vorchristlichen Jahrhunderts, soll laut Pausanias, den Mythos der Zerreißung des *Dionysos Zagreus* eingeführt haben.[186] Der Mythe zufolge wollte Zeus Dionysos die Weltherrschaft übertragen und Hera soll aus Zorn die Titanen auf ihn gehetzt haben. Die Titanen lockten das Dionysoskind mit Spielzeug an, zerrissen, kochten und verspeisten es. Zeus gab Apollon die Anweisung, seine Überreste in Delphi beizusetzen. Athena rettete das Herz von Dionysos und übergab es Zeus, damit er ihn zu neuem Leben erwecken konnte. Die Titanen wurden von Zeus mit einem Blitz verbrannt und aus der Asche wurde das Menschengeschlecht geformt.[187] Da nun die Titanen Dionysos verspeist hatten, erhielt auch der Mensch sowohl einen göttlich – dionysischen als auch einen titanischen Anteil.[188]

Auch der Seelenbegriff der Orphiker brachte Veränderungen. Während zu Homers Zeiten der Hades ein freudloser unterirdischer Ort war, an den die Seelen nach ihrem Tod verbannt wurden und weder gute noch schlechte Taten zu Lebzeiten einen Einfluss auf das Schicksal im Jenseits hatten, entwickelten sich seit dem 5. Jahrhundert v. Chr. Strömungen, die an ein Totengericht und an die Seelenwanderung glaubten. Erlösung für einen Orphiker hieß, sich so weit wie möglich von dem titanischen Anteil zu befreien, zugleich den dionysischen zu pflegen um damit auf ein besseres Leben im Jenseits zu hoffen. Die Bewegung der Orphiker setzte somit einen geistesgeschichtlichen Meilenstein innerhalb der griechischen Antike, sicherlich unter dem Einfluss von Platon, indem sie einen Dualismus zwischen Geist und Körper postulierten.[189] Diese Kultanhänger, die dem Dionysos Feste feierten, sahen ihre Bestimmung wohl nicht so sehr in dem dionysischen Schwärmen, sondern vielmehr in der Reinigung der Seele von den titanischen Anteilen ihrer menschlichen Natur. Hierbei ging es um strenge Reinigungsrituale und Speisetabus. Die orphischen Vorschriften sahen vor, dass man weder Tiere schlachtet noch aß. Hiermit vollzog sich eine Spaltung zum offiziellen Kultus, dessen Rituale mit einem Tieropfer und einem gemeinsamen Mahl zusammenhingen.[190] Das Speisetabu ergab sich aus der orphischen Sichtweise der Seelenwanderung, dass in jedem Tier auch die Seele eines Menschen inkarniert sein könnte. Die Orphiker brachten also keine Tieropfer, sondern Rauchopfer dar, wie später die Christen.[191]

---

[186] Paus. VIII 37.5.
[187] Nonn. Dion. 6,165-Zeugung, Geburt und Tod des Zagreus: 5,563-6,228.
[188] Plat. Leg. 3, 701 b.
[189] M. Giebel, Das Geheimnis der Mysterien. Antike Kulte in Griechenland, Rom und Ägypten, München 1993, S.71.
[190] E.R. Dodds, Griechen 1970.
[191] M. Giebel, Geheimnis, 1993, S.72.

Die Zerreißung durch die Titanen und die rituelle Wiedergeburt werden in den orphischen Mysterien von Bedeutung gewesen sein. Da die Orphiker aber zu Plutarchs Zeiten keine Tiere opferten, muss diese Mythe in einem übertragenen Sinne nachgespielt worden sein. Man könnte sich eine ähnliche Übertragung vorstellen wie sie im christlich-katholischen Sinne mit dem Abendmahl zelebriert wird, indem der Wein und die Hostie in Christi Blut und Christi Leib transsubstantiert werden. Hier findet also eine Einverleibung der göttlichen Kräfte statt, die auch nicht viel anders bei den Orphikern ausgesehen haben wird. Ein derartiger Vergleich darf wohl angestellt werden, da die Wurzeln für viele christliche Rituale in der Antike zu suchen sind.

Vor allen Dingen wurde Dionysos in der Spätantike durch die orphische Verwandlung zum universellen Erlöser, der Verzicht und Mäßigung in allen Leidenschaften verlangte. Dafür stand den Orphikern die Möglichkeit offen, von ihren titanischen Anteilen befreit zu sein. Der orphische *Dionysos Zagreus* ist durch seine strengen asketischen Regeln geradezu das Gegenteil zu dem Dionysos, der in den großen farbenprächtigen Dionysien der Stadt Athen gefeiert wird. Es ist unklar, ob Mänaden den orphischen Dionysos verehrten, da uns durch die Inschriften von Milet die Opferung von Tieren durch die Dionysospriesterin überliefert ist.[192] Eine Verbindung von Mänadismus und Orphikern lässt sich aber aus den orphischen Hymnen erschließen, da dort die Nymphen oder die Ammen mit Dionysos durch die Berge rasen.[193]

11. Der Dionysos der Trieteris

„Trieteris bedeutet drittjährig, das heißt nach antiker Zählweise, die das Ausgangsdatum mitrechnet, im dritten Jahr, nach unserer Zählweise im zweiten Jahr eintretend."[194]

Pausanias beschreibt ein Fest namens *Skiereia,* das zu Ehren des Dionysos alle zwei Jahre in Alea stattgefunden haben soll. Hier sollen nach einem Orakel aus Delphi Frauen ausgepeitscht worden sein, wie die Epheben bei der Orthia.[195]

Er beschreibt den alle zwei Jahre stattfindenden Chorreigen der attischen und der delphischen Thyiaden auf dem Parnass.[196]

---

[192] Inschr. von Milet, Bd. VI Teil 3, Inschr. n. 1222, Z. 1-7.
[193] Orph. h. 52&53.
[194] K. Ziegler, Art.: Trieteris, in: Der Kleine Pauly – Lexikon der Antike Band 5, München 1979.
[195] Paus. VIII 23.1.
[196] Paus. IX 4.3.

Auch in den orphischen Hymnen nimmt der trieterisch gefeierte Dionysos eine hervorragende Stellung ein.

Im fünfundvierzigsten orphischen Hymnos trägt der Dionysos des Dreijahresfestes das Epitheton, *Bassareus*, was soviel bedeutet wie: –„der, der den Wahnsinn einflößt". Die Anrufung geht wie folgt: „Komm seliger, feuersprühender Dionysos mit der Stirne des Stieres...Deine Lust sind Schwerter und Blut und die heiligrasenden Frauen...Verzückter, lautlärmender Bakchos, wütender Träger des Thyrsosstabs...Komm zu uns seliger Reigenfreund.."[197]

Die Hauptelemente dieser Dionysosepiphanie ist das Rasen und der Reigentanz. Hier offenbart sich keine milde Variante, sondern eine lautlärmende, die Blut und den Kampf liebt. Es ist gut möglich, dass der hier beschriebene am trieterischen Fest in Delphi von den Thyiaden aus Delphi und Athen gerufen wurde.

Auch an andere Stelle gibt es einen weitern Hymnos für den dreijährigen, *Bassareus*. Hier heißt es: „Ich rufe dich, Seliger, Hochberühmter, Bakcheute, Begeisterter, Stiergehörnter, Feuersausender, Kelterngott, Erlösender, der aus Nysa kommt!...Nächtlicher Eubuleus, Träger der Mitra, Schwinger des Thyrsos, Geheimnisdunkele Zauberfeier...Fleischfresser, Träger des Szepters, Rasend im Tanze, Führer der Schwärme, der in dreijährigen Feiern bakchisch die Ammen umjauchzt... Bassareus, an Jungfrauen gleich...Seliger komm zu den Mysten".[198]

Von besonderem Stellenwert ist in dieser Beschreibung die nächtliche Feier, die eine Fleischopfer verlangt, dass von den Mysten ausgeführt wird.

Der Hymnos des Dionysos Amphietes, was soviel wie „der Umherschreitende" bedeutet, lautet wie folgt: „Ich preise den Bakchos Amphietes, den Erdbeherrscher Dionysos, der mit den jungfräulichen Nymphen, den schöngelockten, erwacht, wenn er bei Persephoneia ausruht im heiligen Hause, zu verschlafen die Dreijahresfrist, die hochheilige Bakchosnacht...Wenn du aber zum Leben erweckst den dreijährigen Festzug, dann drehst du dich wirbelnd zum Festgesang mit den schöngegürteten Ammen...Der Beweger des Reigens...Horngeschmückter, fruchtbringender Bakchos."[199]

Auch in dem Hymnos für Semele finden wir Hinweise auf den trieterischen Dionysos, so heißt es dort: „Die sich unter den sterblichen Menschen von der hehren Persephone Ehren erwarb, in den

---

[197] Orph. h. 45.
[198] Orph. h. 52.
[199] Orph. h. 53.

Zeiten des dreijährigen Festes, wenn sie feiern des Bakchus Geburt, das hochheilige Liebesmahl und die hehren Mysterien."[200]

Wir sehen also, dass es eine ganze Reihe von Dionysostypen mit regional unterschiedlicher Prägung gab.

12. Die mythologischen Begleiter des Dionysos und ihr Einwirken auf den realen Kult

Die klassische Gefolgschaft des Dionysos in der Literatur und der bildenden Kunst besteht aus Silenen oder Satyrn und den Mänaden.

Silenos ist Sohn des Pan und einer Nymphe. Ursprünglich ein Wassergeist, soll er Mentor des jungen Dionysos gewesen sein. Seine Kinder nannte man Silenen, die sich durch ihre Trunksucht und Lüsternheit gegenüber den Nymphen auszeichneten.[201]

Satyrn hingegen sind Geschöpfe des Waldes bei den dionysischen Gelagen im Gefolge der Mänaden.[202]

Diese beiden unterschiedlichen Wesen werden im Laufe der Antike in der Literatur sowie in der bildenden Kunst oftmals ikonographisch zu einem einzigen Wesen verschmolzen.[203]

Dieses ithyphallische Mischwesen aus Silen und Satyr begleitet die Umzüge des Dionysos, entweder die Doppelflöte spielend, Wein zubereitend oder tanzend. Er gilt als der Beschützer der Mänaden[204] und der Fruchtbarkeit.

Die weiblichen Begleiter des Dionysos waren die Mänaden, die heiligrasenden Frauen[205], die während ihrer Kulthandlungen auf den Bergen durch Gesang und Tanz in Ekstase gerieten.

Auch von ihnen mitgeführte Schlangen werden oft dargestellt. Die Mänaden sollen während ihrer Ekstase im Stande gewesen sein, Tiere mit bloßen Händen zu zerreißen.[206]

Die Verbindung der Satyrn, die eigentlich die unsterblichen Nymphen begleiten[207], mit den sterblichen Mänaden mag aus einer Transformation der Nymphen, die die Ammen des

---

[200] Orph h. 44.
[201] Grant, M./ Hazel, J., Art.: Silenos, in: Lexikon der antiken Mythen und Gestalten, München 1992, S. 373 f..
[202] Grant/ Hazel, Art.: Satyr, in: Lexikon, S. 369.
[203] T.H. Carpenter, Dionysian imagery in archaic greek art. Its development in black-figure vase painting, Oxford 1986, S. 76.
[204] Orph. h. 54.
[205] Orph. h. 45.
[206] Grant/ Hazel, Art.: Mänaden, in: Lexikon, S. 270.
[207] Hom. h. IV 262f.

Dionysos[208] gewesen sein sollen, in die Mänaden zu erklären sein.[209] Walter F. Otto thematisiert die Verbindung in der Weise, dass für ihn die Thyiaden von Delphi in der kultischen Erweckung des *Dionysos Liknites* die Ammen des Dionysos darstellen.[210] Somit verwischen die Unterschiede zwischen dem historischen Mänadismus und dem durch Künstler und Literaten entworfenen Bild der weiblichen Anhänger des Dionysos.

Auch sind die Frauen des Dionysos in besonderer Weise den Nymphen verbunden. Die Nymphen sind weibliche Elementargeister der Fruchtbarkeit, die im speziellen mit dem Wasser verbunden sind und die in Höhlen und Grotten wohnend gedacht wurden. Ihre Verehrung fand in freier Natur in Höhlen und Grotten statt. „Im Zickzack laufende Heilige, Ihr freut euch der Höhlen, belustigt in Grotten...Quellgöttinnen, spendend den Tau, Läuferinnen im leichten Schritt...Ihr tanzt mit Pan auf den Bergen...Waldliebende, Zarte, geübt im Lauf, Mehrend und nährend, von Bergen stürzend, Scherzende, watend im Wasser."[211]

Sie wachen über die Fruchtbarkeit des Viehs, aber auch und vor allem über den menschlichen Nachwuchs und treten als Geburtshelferinnen auf. Sie sind die Ammen des Dionysos, die ihn vor äußerer Bedrohung zu schützen suchen. Nicht selten empfangen sie blutige Opfer, öfter jedoch Blumen, Früchte, Kuchen, Milch und Honig. Pausanias beschreibt ein Heiligtum im Hain Pyraia in Argolis, welches Demeter und Kore geweiht sei. Hier, so schreibt er, soll es ein Fest gegeben haben, an dem Männer und Frauen getrennt voneinander gefeiert haben. Den Frauen wurde dafür das sogenannte Nymphon zum Feiern überlassen, in dem Figuren des Dionysos, Kore und Demeter standen.[212]. Auch die korykische Grotte auf dem Parnass, die aufs Engste mit den schwärmenden delphischen und attischen Thyiaden zusammenhängt, war den Nymphen und dem Pan heilig.[213]

Die Nymphen bilden geradezu das göttliche Abbild der menschlichen Mänaden. Es ist anzunehmen, dass gerade bei dem Aspekt des Mänadismus zwei Kulte zusammengeflossen sind, der des Dionysos und der der Nymphen. Sie sind die Ammen, die den Dionysos alle zwei Jahre aus der Unterwelt aus seinem Schlafe rufen, damit er den Festzug anführen kann. Auch der *Dionysos Liknites* wird von den Mänaden als Kind zum Leben erweckt sie sind ebenso wie die Ammen Geburthelferinnen. Diese starke Verbindung und gerade die Pflege des Dionysoskindes

---

[208] Orph. h. 51.
[209] T.H. Carpenter, Imagery, S. 80.
[210] W.F. Otto, Dionysos, 1939, S. 77.
[211] Orph. h. 51.
[212] Paus. II 11.3.
[213] Paus. X 32.7.

stellen ihn unter besonderen Schutz der Frauen, im Kult der Mänaden, im Mythos der Nymphen und Ammen.

Im nächsten Abschnitt wird versucht, diese Trennung aufzuzeigen und gleichsam die Problematik der Untrennbarkeit dieser beiden Bereiche.

Delphi war eine der Hauptinstanzen, welche neue Kulte oder Kultformen offiziell legitimieren musste, weshalb im Folgenden die Bedeutung des Orakels von Delphi bei der Aufnahme des Dionysoskultes beschrieben wird

III. Legitimierung und Etablierung des rasenden Gottes

1. Die Bedeutung des Orakels von Delphi und seine Verbindung zu Dionysos

Schon zu archaischer Zeit, also etwa im 6. Jahrhundert v. Chr., besaß Delphi die unangefochtene Vormachtsstellung unter den Orakeln Griechenlands.[214] Der Wirkungsbereich des Orakels beschränkte sich dabei aber nicht auf Griechenland, sondern umfasste auch Lydien und Kleinasien. Ehemals ein Losorakel, wandelte sich Delphi mit dem Einzug der Pythia[215], welche in Ekstase weissagte. Delphi ist in dieser Art einzigartig, da es nicht wie die anderen Orakel aus Opfern oder Träumen weissagte, sondern ein Spruchorakel war, dessen Aussagen Anweisungen und Mahnungen enthielten.

Apollon, dem das Orakel geweiht war, galt als Sprachrohr des Zeus, der durch seine Orakelsprüche die Position des Vermittlers zwischen den Göttern und den Menschen einnahm. Apollon war somit eine Instanz, die darauf achtete, dass die Menschen den göttlichen Willen erfüllten, um somit die alte Ordnung intakt zu halten. Er ist somit kein revolutionärer Gott, der Veränderungen bewirkt, sondern ein Gott, der die Ordnung wahrt: im Gegensatz zu Dionysos. Wann immer Veränderungen politischer oder religiöser Art anstanden, mussten zuerst die Orakelsprüche des Apollon eingeholt werden. Diese waren dann oft von weitreichender politischer oder religiöser Bedeutung. Alle neu auftretenden Kulte mussten zuerst vom Orakel in Delphi offiziell legitimiert werden. Ein Beispiel dafür ist die Inschrift von Magnesia am

---

[214] C. Schnurr-Redford, Art.: Weissagung und Macht: Die Pythia, in: Frauenwelten in der Antike – Geschlechterordnung und weibliche Lebenspraxis, Stuttgart 2006, S.132.
[215] Die Pythia war eine prophetische Priesterin des Apollon in Delphi.

Mäander,[216] in der eine Erscheinung des Dionysos beschrieben wird, welche auf Ratschluss des delphischen Orakels dazu führt, dass für ihn ein neuer Kult eingerichtet wird. Ähnliche Inkorporationen lassen sich auch an dem Kult der Großen Mutter und des Sabazios nachvollziehen.

Nicht nur, dass nach dem Mythos Apollon die Überreste von Dionysos in Delphi beigesetzt haben soll, zeigt eine Verbindung auf, sondern auch, dass sich die beiden Götter gewissermaßen das Heiligtum teilten. Während Apollon das Heiligtum das Jahr über geweiht war, wurden Dionysos im Winter Feste in Delphi gefeiert, wenn das Orakel nicht weissagte.[217] Zu fragen bleibt, in welcher Weise sich die dionysischen Mysterien strukturierten und wer die Anhänger waren.

2. Der dionysische Thiasos

Die *orgia*[218], die zu Ehren von Dionysos gefeiert wurde, ist in der klassischen Zeit durch zahlreiche Vasenmalereien und durch Beschreibungen in der Literatur bekannt. Aber auch in der hellenistischen Zeit war die Orgie als Gottesdienst nicht vergessen. Sie wurde in einer abgemilderten Form in den Kanon der öffentlichen Kulte aufgenommen. In diesem Abschnitt sollen die gemischten dionysischen Mysterien nicht näher behandelt werden, vielmehr wird der Fokus auf die dionysischen Frauenverbände gelegt werden.

Plutarch berichtet von Mänaden, die nach ekstatischem Tanz auf dem Marktplatz von der Stadt Amphissa in der Nähe von Delphi zusammenbrechen.[219] Dies soll sich während des zweiten heiligen Krieges, Mitte des 4. Jahrhunderts v. Chr. zugetragen haben.

Auch spricht Plutarch von einem Fest, das Herois genannt wurde. Hierbei soll das Hauptelement des Rituals eine geheime Geschichte gewesen sein, welche nur die Thyiaden kannten.[220] Plutarch nimmt an, dass dabei das Heraufholen der Semele aus der Unterwelt eine bedeutende Stelle einnahm. Auch erwähnt er ein spezielles Ritual der Thyiaden in Delphi, indem der *Dionysos Liknites* zum Leben erweckt wird.[221] Auch Pausanias erwähnt, dass die athenischen Thyiaden alle

---

[216] Inschr. v. Magnesia am Maeander, herausg. von Otto Kern, Berlin 1900, Inschr. n. 215 a, Z.21 ff.; Wilamowitz, G. d. H. II S. 373.
[217] M.P. Nilsson, Geschichte, 1955, S.625-653.
[218] Hom. h. Dem. 273, 476; Aristoph. Thesm. 948; Eur. Bacch. 79.
[219] Plut. Mul. Virt. 249 E.
[220] Plut. Quaest. Graecae 12, 293 E.
[221] Plut. de Iside 364 E.

zwei Jahre zusammen mit den Thyiaden von Delphi dem Dionysos ein Fest auf dem Parnassos feiern.[222] Hieran sieht man, dass gerade Delphi für eine bestimmte Zeit Monopol für den Mänadismus war und die Rituale in der einen oder anderen Form, vielleicht auch mit Umwandlungen, den Hellenismus überlebten.

Eine Inschrift aus hellenistischer Zeit, welche in Kleinasien, in Magnesia am Mäander gefunden wurde, belegt die Etablierung des dionysischen Kultes und die Gründung von Thiasoi in dieser Gegend. Hier wurde nach göttlicher Einwirkung ein Holzbildnis des Dionysos von den Magneten geborgen, dass sich in einem vom Blitz getroffenen Baum zeigte. Das Orakel in Delphi veranlasste darauf, dem Dionysos einen Kult zu etablieren und Mänaden aus Theben kommen zu lassen, um von ihnen Thiasoi gründen zu lassen.[223] Interessant an dieser Inschrift ist auch, dass den Magneten Dionysos` Erscheinungsform als Baumgott, also *Dendrites* bekannt war, sie aber weder staatlich etablierte Thiasoi noch eigene Mänaden besaßen. Vielleicht waren latent noch Mythen erhalten, aber zu dem Zeitpunkt kein aktiver Kultus mehr lebendig.

In Milet wurden dagegen Inschriften gefunden, die einen hoch geschätzten und aktiven Kultus bezeugen. Eine Grabinschrift verabschiedet eine gestorbene Dionysospriesterin, welche „sie auf die Berge geführt hat und alle Orgien und heiligen Dinge für die ganze Stadt getan hat".[224] An diesem Beispiel zeigt sich, dass auch wenn die Orgien zurückgezogen auf den Bergen gefeiert wurden, sie das Interesse der ganzen Stadt betrafen. Welcher Art diese Vorteile waren, die eine Stadt daraus zog, sind heute nicht mehr genau zu ermitteln.

Eine andere Inschrift aus Milet, welche auf 276/75 v. Chr. datiert wurde, bezeugt eine ganze Reihe von Kultvorschriften für den dionysischen Thiasos sowohl privater als auch öffentliche Natur. Auch finden sich hier genaue Vorschriften zur Regelung des Verkaufes von Dionysospriesterschaften und das Verfahren mit dem *omophagion*.[225] In einem spätern Abschnitt wird auf die Quellen von Magnesia am Mäander und Milet noch näher eingegangen.

Diodor erzählt von zahlreichen weiblichen Kultvereinen, die es zu seiner Zeit gab, bei denen die Frauen an vielen Orten Griechenlands alle zwei Jahre Dionysos ein Fest feierten. Während die jungen Frauen den Thyrsos tragend ekstatisch getanzt haben, opferten die älteren Frauen dem Gott.[226] Somit lässt festhalten, dass sowohl Mädchen, als auch verheiratete Frauen zu den

[222] Paus. X 4.3.
[223] Inschr. von Magnesia am Maeander, Inschr. n.215 a, Z. 23 ff.
[224] Wiegand, 4. Bericht , Sitz- ber. Akad. Berlin, 1905, S. 547.
[225] Inschr. von Milet, Bd. VI Teil 3, Inschr. n. 1222, Z. 1-7 ff.; Das Omophagion bezeichnet ein Rohfleischopfer an den Gott, unklar ist ob das Fleisch von den Teilnehmern auch roh verzehrt wurde.
[226] Diod. Sic. IV 3.3.

Vereinen zu gelassen waren, welche hierarchisch strukturiert waren. Einen Hinweis auf eine hierarchische Struktur finden wir in den unterschiedlichen kultischen Pflichten der Frauen: Die jungen Frauen tanzen ekstatisch und die alten opfern dem Gott.

Eine Grabinschrift aus Amphipolis am Strymon erzählt von dem Orgiophanten Aleximenes. Der Priester der den Thiasos leitet ist hier ein Mann und die tanzenden Teilnehmerinnen sind Frauen. Wir finden hierbei also einen Hinweis auf einen gemischten orgiastischen Kult.[227] Nilsson sieht in diesem Kult eine Art Übergangsphase von der ursprünglichen Orgie, die nur von Frauen gefeiert wurde, zu einer neuern Form, an der beide Geschlechter teilnehmen konnten.[228]

Eine Inschrift aus Methymna auf Lesbos enthält die Worte *tyrsos* und *gynaikonomos*, was auf einen rein weiblichen Dionysoskult schließen lässt.[229]

Eine Inschrift von Kos aus der späthellenistischen Zeit beinhaltet Regelungen zum Verkauf der Priesterschaften des *Dionysos Thyllophoros* und der Initiation ihrer Priesterin.[230] Nur der Priesterin war es erlaubt, dem *Dionysos Thyllophoros* zu opfern und Initiationen vorzunehmen.

In Pergamon war der Kult des Dionysos von immanenter Bedeutung. Hier war es nur dem Geschlecht der Könige erlaubt, eine Priesterschaft zu übernehmen.

Nilsson nimmt an, dass es zu hellenistischer Zeit sowohl männliche als auch weibliche Kultvereine gab und dass die Tendenz bestand, diese zu vereinigen, indem man den Kult in den öffentlichen Kultus einfügte, an dem sowohl Männer als auch Frauen teilnehmen konnten.[231]

Auch in Ägypten waren nach dem Tode Alexander des Großen 323 v. Chr. dionisische Feste von großer politischer Bedeutung. Als der erste syrische Krieg 271/70 v. Chr. beendet war, wurde im ägyptischen Alexandrien ein pompöses Siegesfest, das stark an die Großen Dionysien erinnerte, gefeiert. Dies galt als Demonstration der politischen sowie wirtschaftlichen Macht des ptolemäischen Reiches für die Außenwelt.[232] Für die ptolemäischen Könige war der Kult des Dionysos von besonderer Bedeutung. Ptolemaios Philadelphos, welcher um 285- 246 herrschte, richtete große dionisische Umzüge, die *pompe*, ein.[233] Durch Kallixeinos[234] überliefert, war der

---

[227] M.P. Nilsson, Mysteries, 1957, S, 8; Anthol. Pal. VII 485.
[228] M.P. Nilsson, Mysteries, 1957, S.8.
[229] M.P. Nilsson, Mysteries, 1957, S.8; IG XII 2, 499.
[230] M.P. Nilsson, Mysteries, 1957, S. 9; SIG, 1012.
[231] M.P. Nilsson. Mysteries, 1957, S. 10.
[232] H. Bengtson, Griechische Geschichte. Von den Anfängen bis in die Zeit der römischen Kaiser, HdA III 4,München 1996, S. 370-406.
[233] H. Bengtson, Griechische Geschichte, 1996, S. 406; Kallixeinos von Rhodos, Athenaeus V 196 ff.
[234] Kallixeions Athen. V, 196 A ff.

Mittelpunkt des Umzuges eine große Statue des Dionysos, welche in einer Kanope stand und mit Weinlaub, Früchten, Efeu und Theatermasken geschmückt war. Der Umzug wurde von als Satyrn, Silenen und Bacchanten verkleideten Teilnehmern begleitet. Hinter der Statue schritten der Priester und die Priesterin, hinter ihnen als Mänaden verkleidete Frauen, die Thyrsosstäbe, Efeu, Schlangen und *likna* trugen. Auf anderen Wagen stand eine Statue der Nysa, der sagenhaften Amme des Dionysos, große Phalloi, zudem eine Weinpresse, Weinschläuche und Kantharoi.[235] Dieses Fest bot alle Symbole, die man in der Literatur und im aktiven Kult mit Dionysos identifizierte, auf einmal.

Die starke Verbindung zum Dionysischen lässt sich auf Alexander und seine Mutter Olympias, welche flammende Anhängerin des Dionysos war, zurückführen.[236] Nach Alexanders Rückzug 325 v. Chr. aus Indien veranstalteten er und die restlichen 15.000 Überlebenden von ursprünglich 60.000 Mann einen dionysischen Zug, auf dem er sich selbst als Dionysos inszenierte, der aus der barbarischen Fremde in das zivilisierte Griechenland zurückkehrte. Zu Ehren des Dionysos wurde hier sieben Tage und sieben Nächte Wein getrunken.[237] An diesem Beispiel lässt sich vorzüglich sehen, dass gerade dionysische Umzüge geeignet waren, um die Unzufriedenheit von Soldaten oder Bürgern zu besänftigen. Zudem war es ein machtvolles Instrument der Eigeninszenierung für die Außenwelt.

Ptolemaios Philopater, ein Nachfolger des Ptolemaios Philadelphos, erließ ein Edikt, nachdem sich alle Priester des Dionysos in Alexandria melden sollten, um dort den Nachweis zu erbringen, von wem sie die heiligen Weihen erhielten.

An diesen Quellen sehen wir, dass sich der Dionysoskult auch in Ägypten um 300 v. Chr. größter Beliebtheit erfreute, aber Frauen hier keine prägnante Position hatten.

3. Die Anthesterien

Seit dem 6. vorchristlichen Jahrhundert beging man in Athen vier Feste zu Ehren des Dionysos, von denen, zwei Lenaion und Anthesterion, Namensgeber für einen Monat waren, was ihr Alter und ihren gesamthellenistischen Charakter belegt.[238] Die Anthesterien wurden in den Monaten

---

[235] H. Bengston, Griechische Geschichte, 1996, S. 406; Kallixeinos Athen. V 198 ff.
[236] N. Hammond, Alexander der Grosse. Feldherr und Staatsmann, München/Berlin 2001, S.18.
[237] H.J. Gehrke, Alexander der Grosse, München 1996, S. 81 ff.
[238] M. Eliade, Geschichte der religiösen Ideen, Band I Von der Steinzeit bis zu den Mysterien von Eleusis, Freiburg im Breisgau 1978, S. 331.

Februar-März gefeiert. Das Fest *antestaeria* bezeichnete ein Blütenfest, dass im Frühling begangen wurde, um die Epiphanie des Vegetationsgottes Dionysos einzuleiten.

Auch wenn der Dionysoskult in der hellenistischen Welt viele Anhänger fand, so dauerte seine Eingliederung in den Kanon der offiziellen Kulte in ganz Griechenland und die Aufnahme in den Olymp der Götter lange und konnte nur nach starken inneren Veränderungen des Kultes vorgenommen werden. Der ursprünglich wahrscheinlich ausnahmslos weibliche Kult stand nun auch Männern offen.

Auch der offizielle Kult war geprägt von der Vorstellung, dass Dionysos ein zweigeschlechtlicher, wandelbarer Gott ist. Die Vermischung von Leben und Tod spiegelte sich zum Beispiel in dem dreitägigen Fest der Anthesterien wieder, bei dessen Gelegenheit der junge Wein verköstigt wurde, nur der Tempel des Dionysos geöffnet blieb und sich die Toten unter die Lebenden mischten. Bei diesem Fest nahmen am dritten Tag Jungen und Mädchen am Ritual teil, wobei sie über Räuchergefäßen schaukelten.[239]

Dieser Ritus geht vermutlich auf eine Legende zurück, bei der Dionysos dem Ikarios, einem attischen Bauern, den ersten Wein zu trinken gab und ihm zeigte, wie man Trauben las. Die übrigen Hirten tranken den Wein und fielen betrunken in Ohnmacht. Die anderen Dorfbewohner sahen dies und nahmen an, Ikarios habe sie getötet. Daraufhin erschlugen sie ihn und sein Blut vermischte sich mit dem Wein. Ikarios Tochter Erigone erhängte sich infolge der Ereignisse, und genau dieses Erhängen wurde wahrscheinlich in dem Ritus der schaukelnden Kinder nachempfunden.[240]

Am ersten Festtag der Anthesterien, der *pithoigia* genannt wurde, wurden die Fässer des vergangenen Herbstes geöffnet. Danach wurden sie zum Heiligtum des Dionysos gebracht, um dort ein Trankopfer für den Gott zu vollziehen. Der zweite Festtag, an dem ein Wetttrinken stattfand, nannte man *choes*. Eine Prozession zog mit einer Dionysosstatue, welche eine Weinrebe in der Hand hielt und von nackten Satyrn begleitet wurde, ins Heiligtum. Am letzten Tag der Anthesterien kamen die Seelen der Toten zurück und mit ihnen die *keres*, die Träger unheilbringender Kräfte. Um dies abzuwenden, wurde für die Toten gebetet und die *keres* wurden rituell bis zu den nächsten Anthesterien verbannt.[241] Hier offenbart sich ein klassischer Zug des Dionysos: seine Nähe zur Fruchtbarkeit, das Reifen der Reben und zum anderen die Nähe zum

[239] P. Cartledge, Kulturgeschichte Griechenlands in der Antike, Stuttgart - Weimar 2000, S. 109.
[240] K. Armstrong, Die Achsenzeit. Vom Ursprung der Weltreligionen, München 2006, S. 87.
[241] M. Eliade, Geschichte, 1978, S. 331f.

Totenreich. Dionysos ist aber nicht als rein archaischer Vegetationsgott zu sehen, da zwar der Weinstock etwas Natürliches, die Veredelung und Herstellung von Wein hingegen ein Kulturgut ist.

Zu den verschiedenen Festen zu Ehren des Dionysos, wie den *Oschophorien* im Oktober oder den großen Dionysien in den Monaten März-April tragen die Männer Frauenkleidung.[242] Dies kann als symbolische Übertragung des vermutlich einst weiblichen Kultes gewertet werden oder aber auch als Inszenierung des Gottes selbst, der ja genauso weiblich wie männlich ist. Dieser Travestismus kann aber auch die Grenzüberschreitung anzeigen, dass im Ritual sowohl soziale als auch Geschlechtergrenzen verwischt werden und die Teilnehmer in ihr Gegenteil verwandelt werden.[243]

All diese Feste waren eine Gelegenheit zu öffentlichen Zusammenkünften, die alle Bewohner der Polis zusammenführte und die selbst Sklaven und Kinder einschloss. Diese institutionalisierte Ekstase erfolgte also im Rahmen der Polis und wurde von ihr als machtvolles Mittel zur Massenkontrolle in die Hand genommen.

4. Die Festordnung der Großen Dionysien

Neben einer Vielzahl von verschiedenen Festen zu Ehren des Dionysos im attischen Kalender, auf die hier nicht näher eingegangen werden kann, waren die Großen Dionysien das wichtigste öffentliche Fest in Athen.

Die Grundelemente und die Gliederung der großen Dionysien werden von Demosthenes überliefert. Dort werden als Inhalte der Kultfeier folgende Elemente erwähnt: Festzug, Knabenchöre, *komos*, Komödie und Tragödie. *Komos* bezeichnet ein Gelage oder Umzug, ferner bei Pindar und Euripides einen lustigen Reigen mit Gesang, zumeist zu Ehren des Dionysos. Ferner wird ein *komos* von Frauen beschrieben. So heißt es: „so laut, wie jene Weiber den Bakchos feiern, sind nicht die Thraker und nicht die Inder, wenn sie mit ihren Kindern dem Dionysos Reigen aufführen"[244]. Es heißt hier *komos gynaikes*. Dutoit deutet den *komos* so, dass die Menge vom Wetttrinken berauscht zum alten Heiligtum des *Dionysos Eleuthereus* zieht, wo

---

[242] L. Bruit Zaidman, Louise/ P.Schmitt Pantel, Die Religion der Griechen. Kult und Mythos, München 1994, S. 201.
[243] R. Seaford, Dionysos, 2006, S. 147.
[244] Demosth. De fals. leg. 286ff.

der Priesterin ihre Kränze übergeben worden sein sollen, worauf ein Weintrankopfer folgte, ein Totenopfer für Dionysos. Dies ist der Beginn der Totenbräuche. Der *ieroi komoi* ist wie bei Aristophanes der regellose Zug der Choengelage, während die Teilnehmer bekränzt waren.[245] Die berauschten Teilnehmer trugen hierbei Masken, um sich unkenntlich zu machen, wie uns Demosthenes[246] berichtet. Der *komos* ist also eher ein ausschweifender Zug.

Dieser Festzug führte am 8. Elaphebolion (März/April) vom Dionysostempel, wo eine Vorfeier stattfand, zum Theater, wo sich der eigentliche *proagon* anreihte.[247]

Während des festlichen Umzuges wurde eine Dionysosstatue in einer Prozession bis ins Theater getragen, welche dann als Schutzherr des Theaters im Mittelpunkt der Orchestra platziert wurde. Die offiziellen *pompe* wurden sowohl von kostümierten Beamten, als auch von verschiedensten dionysischen Thiasoi begleitet. Die Beamten führten bei der Prozession einen überdimensionierten Phallus mit sich, eine Tradition, die wahrscheinlich aus dem ägyptischen stammt. Der *proagon* war ein integrierter Bestandteil des Festes, bei dem sich die Dichter, Schauspielern und Choreuten, dem Publikum vorstellten und somit die Bühnenspiele offiziell ankündigten. Der *agon* ist der eigentliche Wettkampf, bei dem die Stücke aufgeführt werden.[248]

Diese drei Elemente, die sakrale Feier, der Umzug und der *proagon* im Theater, leiten den zweiten Hauptteil des Festes ein, die dramatischen Wettkämpfe, welche ausschließlich von Männern bestritten wurden.

Der wichtigste Bestandteil der großen Dionysien waren die Theateraufführungen, die Agonen bei denen Literaten und Schauspieler miteinander wetteiferten. Theater fand im antiken Griechenland immer in einem sakralen Kontext statt und das Schauspiel war Teil des Rituals.

Solche Aufführungen fanden auch während der beiden anderen Feste des Dionysos statt den ländlichen Dionysien in den Monaten Dezember-Januar und den *Lenäen* in den Monaten Januar-Februar.

Diese Schauspiele im sakralen Rahmen fanden bis weit über die Stadtgrenzen Athens ihre Anhänger.[249]

---

[245] J. Dutoit, Zur Festordnung der grossen Dionysien, Friedrich Alexander Universität Erlangen, Speier 1898, S. 7.
[246] Demosth. De fals. Leg 287.
[247] J. Dutoit, Festordnung, 1898, S.4.
[248] J. Dutoit, Festordnung, 1889, S. 12 ff.
[249] L. Bruit Zaidman/ P. Schmitt Pantel, Religion, 1994, S. 108 ff.

Im Jahr 333 sollen zu Ehren von Dionysos 240 Bullen geopfert worden sein. Opferungen waren für alle Feste in Athen wichtig. Und je wichtiger der Anlass war, desto mehr Tiere wurden geopfert. Die Stadt übernahm die Kosten für diese Feste entweder selbst oder wohlhabende Männer, sogenannte *liturgoi*, wurden dazu verpflichtet.

Die Organisation der Wettbewerbe oblag der Stadt. Die Vermischung des Religiösen mit dem Staatlichen machte bei der Organisation der Wettbewerbe nicht halt. Die Stücke selbst zeigten, dass es zwischen politischer Reflektion und der Darstellung des Mythos der Götter keine klare Trennung gab.

Aristophanes schreibt, dass zu den *Lenäen* Fremde in die Stadt kamen, um als *Choreuten*[250] zu fungieren.[251] Plutarch erwähnt, dass die Proben für die Stücke mehr als ein halbes Jahr in Anspruch nahmen.[252]

Bis zu 16 Stücke konnten bei den großen Dionysien aufgeführt werden. Die Athener gingen am frühen Morgen ins Theater, eine tragische Trilogie dauerte mit Satyrspiel 9 Stunden. Für die Komödie und die Tragödie müssen mehr als drei Tage eingeplant gewesen sein.

Obschon Frauen im Rahmen von *komos* mit ihren jeweiligen Thiasos teilnehmen konnten, kommt ihnen bei einem der Hauptelemente der großen Dionysien, den Theaterwettkämpfen keine, Rolle zu.

IV. Weibliche Lebenswirklichkeit und Mänadismus in der Antike

1. Soziale Stellung der Frauen im Kult und im öffentlichen Leben in der griechischen Antike - Statusänderung im Ritual

Gerade im mänadischen Kultus ist eine temporäre Änderung der sozialen Stellung der teilnehmenden Frauen anzunehmen, da sie ihr häusliches Umfeld und ihre Familie für einen gewissen Zeitraum verließen. Die exklusiv weiblichen Dionysosfeste wurden zweimal im Jahr gefeiert und eine Teilnahme schloss nicht aus, dass man zusätzlich eine Priesterschaft in den öffentlichen Dionysien wahrnahm.

---

[250] *Choreuten* sind an Reigentanz und Gesang beteiligte Personen.
[251] Aristoph. Plut. 954.
[252] Plut. glor. Ath. 6, 349 A.

Um sich zu vergegenwärtigen, wieviel bedeutsamer die Statusänderung während eines Rituals für Frauen als für Männer gewesen sein muss, wird eine kurze Bestandsaufnahme der normalen sozialen Bedingungen der Frauen in der Antike vorgenommen.

Frauen hatten vor dem athenischen Gesetz keine Rechte, dabei spielte es keine Rolle, welcher sozialen Schicht sie angehörten und ob sie ledig oder verheiratetet waren. Ihr Leben lang unterstanden sie der Kontrolle eines männlichen *kyrios,* welcher sie vor dem Gesetz repräsentierte. Wenn sie unverheiratet waren, unterstanden sie der *kyrieia* ihrer Väter, Brüder oder Großväter. Wurden Frauen verheiratet, spaltete sich die Vormundschaft. Die Väter konnten ohne weiteres die bestehenden Ehen gegen den Wunsch der Frauen auflösen. Wenn ihre Männer starben, unterstanden sie der *kyrieia* ihrer Söhne. Frauen hatten weder Gewalt über ihre Hochzeit noch Rechte vor Gericht.[253]

Frauen werden, wenn es die finanziellen Mittel erlauben, möglichst von der Umwelt abgeschottet. Nicht einmal männliche Verwandte sollen sie idealerweise zu Gesicht bekommen. Kein Mensch durfte das Haus verlassen oder betreten ohne die Anwesenheit und Zustimmung des männlichen Familienoberhauptes.[254]

Als Beispiel für das Leben der damaligen Frauen kann man die hellenistische Vasenmalerei heranziehen, in welcher griechische Frauen fast ausschließlich im Haus dargestellt sind, ausgenommen beim Wasser holen oder bei religiösen Ritualen. Diese Betrachtung trifft wohl wie erwähnt auf wohlhabende Familien zu, die sich Sklaven leisten konnten, damit ihre Frauen das Haus nicht verlassen mussten.[255] Hier handelt es sich wohl eher um ein idealtypisches Modell. Denn es ist nicht denkbar das Frauen in der antiker Agrargesellschaft keine Aufgaben übernahmen. Obschon ein Großteil der ackerbaulichen Arbeiten den Männern zukam, vollzogen Frauen agrarische Riten um eine gutes Gelingen des Wachstums zu gewährleisten, wie wir in dem Kapitel über die *Thesmophorien* sehen werden.

Soweit es sich aus heutiger Sicht rekonstruieren lässt, haben Frauen in der griechischen Antike selten eine nachvollziehbare Identität. Sie treten oft nur in Zusammenhang mit einer männlichen Autorität in Erscheinung und es wird vermieden, ihre Namen zu nennen. Ausnahmen bildeten Frauen die zum Stand der Prostituierten oder Sklaven gehörten.[256]

Die öffentliche Welt, war primär den Männern vorbehalten.

---

[253] J. Gould, Law, 1980, S. 43f.
[254] Lys. III.6.
[255] J. Gould, Law, 1980, S. 48.
[256] J. Gould, Law, 1980, S. 45.

Der religiöse Kult ist einer der wenigen öffentlichen Räume in denen die antike Frau eine herausragende Stellung einnahm. Neben einer ganzen Reihe von öffentlichen Kulten, an denen Frauen gleichermaßen wie Männer aktiv teilnahmen, gab es Kulte, die allein von Frauen dominiert wurden: So die *Haloa*, die *Arrephoria*, die *Skira*, die *Thesmophorien*, die *Lenäen* und die *Adonia*.[257]

Die bedeutendste Orakelstätte der griechischen Antike war Delphi und Priesterin war die Pythia, welche unter dem Einfluss von Lorbeerräucherungen die Weisungen Apollons` weissagte. Aus ganz Griechenland kamen Menschen nach Delphi um für allerlei Unternehmungen göttlichen Rat einzuholen. Eine derartig hervorragende Position einer Frau im Kultus war aber eher der Einzelfall. Es könnte sein, dass Frauen in der Antike, ebenso wie auch später im christlichen Mittelalter, die höhere Fähigkeit zur Prophetie, zur Weissagung zugesprochen wurde, hingegen die Auslegung der empfangenen Sprüche den Männern oblag.[258]

2. Das historische sowie mythologische Bild des Mänadismus

Als Mänaden bezeichnet man sowohl die mythologischen Begleiterinnen der dionysischen Züge als auch die historisch belegbaren Kultanhängerinnen. Der Begriff *Mainades*, von *mania* stammend, also "die Rasenden" bedeutend, wird erstmals so bei Homer in der zweiten Hälfte des 8. Jahrhunderts v. Chr. in der Ilias benutzt.[259] Der Begriff Mänadismus wird seit Dodds (1951) und Jeanmaire (1951) als Oberbegriff für den gesamten Kultkomplex der weiblichen Anhängerinnen des Dionysos gebraucht.[260] Dies resultiert vielleicht aus der Tatsache, dass Homer die älteste Quelle ist, in der diese Kultform Erwähnung findet. Des weiteren gibt es regionale Unterschiede, so heißen die böotischen und attischen Mänaden, also in der Gegend von Theben, Delphi und Athen *Thyiaden*[261], die spartanischen *Dionysiaden*.

Die Bezeichnung als Thyiade lässt sich durch eine Überlieferung die Pausanias aufschrieb erklären. Hiernach soll einer der ersten Einwohner Delphis eine Tochter mit Namen Thyia gehabt

---

[257] J. Gould, Law, 1980, S. 50 f.
[258] Siehe dazu auch: K. Kerenyi, Dionysos, 1998, S. 94.
[259] Hom. Il. 10, 460, h. 5, 386.
[260] H. Jeanmaire, Dionysos. Histoire du culte de Bacchus, Paris 1951, S. 157; E.R. Dodds, Die Griechen und das Irrationale, Darmstadt 1970, S. 149.
[261] Plut. mor. 249E-F., siehe auch: Paus. X 4.3.

haben, welche als erste Priesterin Orgien zu Ehren des Dionysos feierte. Nach ihr sollen alle späteren Gruppen benannt worden sein, die zu Ehren von Dionysos in Raserei verfielen.[262]

Euripides benutzt in seinen „Bakchen", sowohl für die kleinasiatischen als auch die thebanischen Mänaden zwei verschiedene Begriffe, zum einen „Bakchen", zum anderen „Mänaden". So heißt es *ite bakchai*[263], als Dionysos die kleinasiatischen Mänaden ruft. Die thebanischen werden sowohl *bakchai kadmeiai*[264] genannt als auch, nachdem Agaue ihren Sohn getötete hatte, *mainadon*[265]. Es lässt sich also für die Zeit des Euripides sagen, dass unterschiedliche Bezeichnungen weder unterschiedliche Anhängerinnen des Dionysos bezeichneten noch dass sich eine positive oder negative Wertung des dionysischen Wahnsinns an der Begrifflichkeit ablesen lässt.

Walter F. Otto und Martin P. Nilsson sahen den Kern der Dionysosmysterien im weiblichen Orgiasmus[266]. Diese Kultform wurde dann als Mänadismus[267] bezeichnet. Auch Nietzsche prägte das Bild eines weiblichen Orgiasmus für den Mänadismus.

Während mythologische literarische Mänaden, in Hirschfelle gekleidet, mit Efeu bekränzt und mit Schlangen umgürtet, den Thyrsosstab in der Hand, Tiere säugen, Milch mit einem Schlag aus den Felsen sprudeln lassen und wilde Tiere mit bloßen Händen zerreißen[268], sind die historisch belegbaren Kulte der Thyiaden weniger extravagant, ausgenommen die Rituale des *Dionysos Sabazios* in Makedonien.

Es wird im Verlauf der Arbeit zu klären sein, ob sich der Orgiasmus tatsächlich als Kernstück des weiblichen Dionysoskultes darstellt und ob es möglich ist, einen Kultinhalt zu rekonstruieren.

Bekannt ist aus Delphi, dass die Thyiaden Trägerinnen geheimer Mysterien waren, die weder für alle Frauen noch für Männer zugänglich waren. Delphi war während der neun Sommermonate Apollon gewidmet, während in den drei Wintermonaten (Nov.-Feb.) Feste zu Ehren des Dionysos gefeiert wurden, da Apollon nach antiker Ansicht in der Winterzeit sein Heiligtum verließ. Auch

[262] Paus. X 6.4.
[263] Eur. Bacch., 83.
[264] Eur. Bacch., 1160.
[265] Eur. Bacch., 1226.
[266] M.P. Nilsson, Geschichte der griechischen Religion I, München 1955, S. 564.
[267] E.R. Dodds, The Greeks and the Irrational, Berkley-Los Angeles 1951, S. 270.
[268] Eur. Bacch. 695 - 740.

Orakel wurden zu dieser Zeit nur im äußersten Notfall erteilt, da sie zu dieser Zeit, wie Plutarch betont, oft falsch waren.[269] Des weiteren waren die Kultausübenden, die dem Dionysos Feste in den Wäldern und auf den Bergen vom Parnassgebirge feierten, immer die gleichen Frauen, deren Anzahl festgelegt war. Die Thyiadenvereine wurden von einer Vorsteherin geleitet. Zu Plutarchs Zeiten war es seine Freundin Klea, die die Frauen auf den Parnassos führte. Plutarch widmete ihr die religionsphilosophische Abhandlung Schrift „Isis und Osiris". Schon an dieser Schrift lässt sich erkennen, dass eine Thyiadenführerin im antiken Delphi sowohl gebildet war als auch über einen beachtlichen sozialen Status verfügte. Ob Klea verheiratet war oder nicht ist unklar, allerdings berichtet die Quelle, dass Klea dem heiligen Dienst des Osiris von Mutter und Vater her geweiht sei. Da gerade zu Plutarchs Zeiten die Gleichsetzung von ägyptischen mit griechischen Göttern modern war, setzt er Dionysos mit Osiris gleich.[270] Somit beinhaltete der Mysterienkult Ebenen, die sowohl für Männer als auch für Frauen zugänglich waren. Denn einerseits waren Kleas` Eltern beide in die Mysterien eingeweiht, andererseits sind die mänadischen Rituale der Thyiaden auf den Bergen nur Frauen zugänglich.

Dieses Fest, das alle zwei Jahre zum gleichen Zeitpunkt stattfand, wurde mit den Frauen von Athen zusammen gefeiert.

Die Kultvorbereitung gestaltete sich hierbei in einer Prozession, die symbolisch von Iakchos angeführt wurde, auf dem etwa 250 km weiten heiligen Weg von Athen nach Delphi. Auf dem Weg wurden dann zum erstmals mit Blick auf den Parnass auf delphischem Gebiet in der Stadt Panopeus rituell Chorreigen getanzt. Das alle zwei Jahre stattfindende Fest dürfte gut 2 Wochen gedauert haben.[271]

Das gemeinsame Ritual und Fest der Frauen von Delphi und Athen fand nach literarischer Überlieferung auf dem 2500 m hohen Berg Parnassos statt. Pausanias erwähnt, dass der Weg selbst für einen starken Mann kaum zu meistern sei.[272] So ist fraglich, ob die Thyiaden wirklich im Winter auf dem Parnassos tanzten oder ob sich die Beschreibung „Sie tanzen auf dem Parnassos" nicht auf einen Tanzplatz in Delphi am Parnassos beziehen kann.

---

[269] L. Weniger, Art.: Das Collegium der Thyiaden zu Delphi, in: Jahresbericht über das Karl-Friedrich-Gymnasium zu Eisenach, Eisenach 1876, S. 1f.
[270] Plut. Isis und Osiris 35 E.
[271] A. Rapp, Mänade, 1971, S. 5.
[272] Paus. X 33.11.

Bei den athenischen Thyiaden bestand also schon ein Großteil ihres Rituals aus der Prozession von Athen nach Delphi, dem Aufführen von Chorreigen auf dem Weg. Was die delphischen Thyiaden während der Prozession der Athenerinnen nach Delphi machten, ist uns nicht überliefert. Das Ritual auf dem Parnassos wurde dann von den delphischen und den attischen Mänaden zusammen begangen.

Historische Beschreibungen von dem trieterischen Fest auf dem Parnassos gibt es nicht, da sich der Kult als geheimer Mysterienkult gestaltete, ähnlich den eleusinischen Mysterien für Demeter. Diese Mysterien unterlagen der strengsten Geheimhaltung. So beschreibt Pausanias ein dionysisches Fest in Argolis, bei dem nachts am grundlosen alkyonischen See Mysterienspiele aufgeführt wurden, über dessen Inhalt Pausanias nichts berichten durfte.[273]
Anzunehmen ist, dass dort ein Mysterienspiel stattfand, welches die Mythe nachspielte, bei der Dionysos durch den alkyonischen See in die Unterwelt hinabsteigt, um Semele zu befreien. Diese eindeutige Verbindung des Dionysos mit der Unterwelt taucht so erst in den orphischen Hymnen auf, die im 6. Jahrhundert v. Chr. verfasst wurden.

Von den Mänaden aus Elis auf dem Peloponnes ist bekannt, dass sie ein festgelegtes „Kollegium der Sechzehn" bildeten. Die spartanischen Mänaden, die *Dionysiaden*, nannten sich das „Kollegium der elf Frauen", welche am trieterischen Dionysosfest einen Wettlauf veranstalteten. In Alea in Arkadien geißelten sich die Mänaden während des Rituals.[274]

In Elis wurde zu Ehren des Dionysos das Fest mit Namen Thyia gefeiert, zu welchem der Gott selbst durch Anrufungen und Hymnen in tauromorpher Form erschienen sein soll.[275]

Der Kult hat trotz seines oft beschriebenen ekstatischen Charakters feste Kultformeln, die von den Teilnehmern beherrscht und eingehalten werden. So ist die Anzahl der Teilnehmer bei allen bis jetzt erwähnten Kulten festgelegt, ebenso wann die Feste gefeiert werden, alle zwei Jahre, und zudem der wahrscheinlich auf festen Formeln beruhende Chorreigen sowie spezielle heute noch erhaltene Anrufungen wie in Elis.[276]

---

[273] Paus. II 37.5.
[274] Paus. VIII, 23.1.
[275] Plut. Greek questions 36.
[276] A. Rapp, Mänade 1971, S. 9 f.

Zum jetzigen Zeitpunkt stellt sich also der Kult nach den Quellen so dar, dass es durchaus einen rein weiblichen Kult gab, der ekstatische Elemente hatte. Die rituellen Mittel zur Erzeugung der Ekstase waren der Chorreigen, Anrufungen und Gesang. Aber auch innerhalb dieses Rahmens gab es festgelegte Formeln, die das Ritual steuerten. Das heißt, die religiöse Ergriffenheit passierte nicht irgendwann innerhalb des Jahres, sondern musste gezielt durch das trieterische Dionysosfest und die Anrufung angesteuert werden.

Adolf Rapp geht davon aus, dass diese festgelegten Formeln eine wahre Ekstase verhindert haben und somit die Ergriffenheit während des Rituals eine bloße stereotypische Nachahmung der mythologischen Mänaden gewesen sei.[277]

Mimetisches Elemente wird der Kult wohl gehabt haben, dennoch ist nicht auszuschließen, dass die zeitliche Beschränkung und die kultinternen Formeln nur den geschützten Raum bildeten in dem Ekstase gezielt angesteuert und erlebt werden konnte. Einer Trennung von mythologischen und historischen Mänaden wird hier nicht nachgegangen.

Problematisch bleibt, dass es kaum historische Überlieferungen der Thyiaden gibt. Die vorliegenden Quellen, die historische Mänaden bezeugen, beschränken sich auf Plutarchs` Moralia, Pausanias`Reisen in Griechenland und die Inschriften von Magnesia am Mäander und Milet.

Zusammenfassend lässt sich sagen, dass der Begriff Mänade spätestens aus der 2. Hälfte des 8. Jahrhundert v. Chr. stammt und für uns schriftlich von Homer überliefert ist. Der Begriff Thyiade lässt sich sowohl bei Plutarch um 120 n. Chr., als auch bei Pausanias um 150 n.Chr. finden. Beide Quellen beziehen sich auf Kulte, die in der Region Athen und Delphi stattfanden.

3. Die mänadischen Ekstase

Der mänadische Kult gestaltet sich als ekstatisch und Ziel der Handlungen war die Besessenheit durch Dionysos.

Der Begriff Ekstase leitet sich vom griechischen *ekstasis* ab. Es bezeichnet ein Nicht-bei-sich-sein oder ein Außer-sich-sein. Im Lateinischen wird es mit *alienatio*, als Entfremdung von der

---

[277] A. Rapp, Mänade, 1971, S. 12.

äußeren Wirklichkeit, übersetzt.[278]Als Ekstase lässt sich also ein Verhalten oder eine Handlung bestimmen, welche sich von den Normen der jeweiligen Gesellschaft unterscheidet und somit einen außergewöhnlichen Zustand darstellt.

Würde man den Kult nach Lewis analysieren, der eine Theorie zu Besessenheitskulten entwickelte, würde der exklusiv weibliche Mänadismus mit seinem ausgeprägten Besessenheitskult in gewisser Weise einen separaten sozialen Raum bilden, geschützt vor den Männern. Frauen in der Antike bilden nach dieser Theorie eine periphere Gruppe, die außerhalb der Gesellschaft steht, welche in der Besessenheit aggressiv gegen ihre Unterdrückung protestiert, ohne die real existierende Hierarchie der Gemeinschaft anzugreifen.[279]
Ob sich die Entwicklung eines rein weiblichen Kultes ausschließlich auf diese Weise begründen lässt, oder ob diese Betrachtung nicht zu kurz gegriffen ist, wird im Verlauf der Arbeit aufzuzeigen sein.

Die rituelle dionysische Ekstase der Frauen berührte vor allem Rituale, welche die Fruchtbarkeit des Weines garantieren sollen. Dieser Aspekt findet sein Pendant in weiblichen Göttergestalten wie Demeter, wobei Demeter für den Ackerbau und die Zivilisation steht und Dionysos für die unbändige, chaotische Fruchtbarkeit, dieser somit eher für das feuchte Element, also alle lebensspendenden Flüssigkeiten und Demeter für das trockene Element.[280] Kerenyi beschreibt den dionysischen Zustand als Urphänomen des Lebens und weist eine Beziehung von Dionysos zur Geburt als Grund für die weiblichen Anhängerinnen entschieden zurück. Dionysos sei niemals eine Geburtsgottheit gewesen, für diese Bereiche seien andere Götter, wie Eileithyia, Artemis und Hera zuständig.[281]
Obschon Frauen eine besondere Bedeutung im dionysischen Kultus haben, welches sich im Mänadismus äußert, existierten ebenso dionysische Rituale, die fest in Männerhand lagen, wie die Theateraufführungen zu den Großen Dionysien.
Mänadismus ist ein Element von vielen des gesamten dionysischen Komplexes. Ihr exklusives Recht ist die rituelle Raserei, was aber nicht ausschloss, dass sie ebenso Priesterschaften innehatten wie Männer. Es gab sowohl Zelebrierungen von gemeinsamen, als auch von

---

[278] H. Zinser, Art.: Ekstase, in: Handbuch religionswissenschaftlicher Grundbegriffe, Stuttgart 1990, S. 254.

[279] I. M. Lewis, Ecstatic Religion. A study of shamanism and spirit possession, London 2003, S. 28.
[280] H. Kloft, Mysterienkulte der Antike, München 1999, S. 26.
[281] K. Kerenyi, Dionysos, 1998, S.93 f.

getrennten Riten, was sich daraus erklärt, dass bestimmte Rituale Abgeschlossenheit erforderten und andere nicht.

Im nächsten Abschnitt werden die als historisch geltenden Quellen, die also keinen literarischen Charakter haben, auf ihren Informationsgehalt, in Bezug auf den Mänadismus untersucht, um eine genauere Differenzierung regionaler Unterschiede sowie Gemeinsamkeiten festzustellen.

4. Mänadismus in den antiken Quellen. Eine Analyse

Das „Kollegium der sechzehn Frauen" von Elis

Plutarch beschreibt in seinen „griechischen Fragen" einen dionysischen Frauenkult In Elis. Sie erbitten von Dionysos, dass er ihnen mit dem Fuße des Stiers erscheine, wie es im Hymnus heißt: „Komm in der Frühlingszeit, o Dionysos, zu deinem unschuldigen Tempel am Meer, mit den Charites in deinem Gefolge, stürm herein mit dem Fuße des Stieres." Dann singen sie zweimal „Erhabener Bulle".[282] Plutarch erklärt sich diesen Ritus damit, dass einige den Gott „Stier" nennen oder den „Stiergeborenen" und dass die Erscheinung in Stierfüßen meint, dass dieser Teil im Gegensatz zu den Hörnern harmlos sei. Plutarch ist sich allerdings nicht ganz sicher, ob der Hymnus im Rinderschritt meint, also mit großen Schritten oder ob es sich hierbei um eine harmlose Erscheinungsform handelt. Andere denken, laut Plutarch, dass Dionysos den Pflug und das Säen erfunden hat.

In Plutarchs religionsphilosophischer Schrift „Isis und Osiris" lässt sich eine parallele Stelle finden, die die weite Verbreitung des tauromorphen Dionysos in Griechenland aufzeigt. Hier heißt es, dass in Argos Dionysos den Beinamen „Stiergeborener" trägt und dass sie ihn unter Trompetenschall aus dem Wasser heraufrufen, während sie ein Lamm für den Torwächter der Unterwelt in die Tiefe stürzen. Plutarch stellt diesen Kult dem von Elis an die Seite, indem er sagt, dass es bei vielen hellenistischen Stätten Dionysosstatuen gibt, die in Stiergestalt hergestellt sind und dass die Frauen von Elis Dionysos „mit dem Fuße des Stieres" anrufen.[283]

.

---

[282] Plut. greek questions 36.
[283] Plut. Isis und Osiris 35; Siehe auch Paus. II 37.5.

Die Frauen von Elis werden als „Kollegium der Sechzehn"[284] bezeichnet, die eine feste Gruppe bildeten - ähnlich wie die Thyiaden von Delphi[285]. Sie waren reifere Frauen und werden immer als Frauen, niemals aber als Mädchen bezeichnet. Wide argumentiert, dass die sechzehn Frauen von Elis bedeutende Pflichten in Verbindung mit dem Kult der Hera in Elis hatten[286] und dass deshalb Hera und Dionysos ein göttliches Paar chthonischer Kräfte bildeten. Diese Verbindung verblüfft um so mehr, als dass gemeinhin eine Feindschaft zwischen Hera und Dionysos besteht. Beide Rituale, die zu Ehren des Dionysos und zu Ehren der Hera, liegen in Elis in den Händen der sechzehn Frauen. Hierbei zeigt sich, dass Dionysospriesterinnen nicht auf einen Gott abonniert waren, sondern auch andere Aufgaben innerhalb der religiösen Gemeinschaft wahrnahmen.

Die Stadt Elis lagt nicht am Meer, also ist es gut möglich, dass die Anrufung selbst gar nicht in der Stadt Elis stattfand, sondern nur von dem Kollegium aus Elis ausgeführt wurde.

Pausanias berichtet, dass die sechzehn Frauen von Elis alle fünf Jahre der Hera ein Gewand nähten. Diese Frauen sollen die gleichen gewesen sein, die zu Ehren der Hera und des Dionysos den Wettkampf der Heraien veranstalteten. Mit dem Heraion verbunden war in der Antike ein penteterisches Fest zu Ehren der Göttin mit einem Wettlauf für elische Mädchen in drei Altersklassen. Das „Kollegium der Sechzehn" veranstaltete den Wettbewerb, wobei die Siegerinnen gemalte Pinakes in das Heraion weihen durften. Sie wurden teils an den Säulenschäften, teils am Mauersockel entlang der Südseite des Heraions angebracht. Dies scheint ein Gegenentwurf zu den olympischen Spielen gewesen zu sein, bei denen Frauen ausgeschlossen waren. Es wird beschrieben, dass dies ein Wettlauf für Jungfrauen war. Der Ablauf des Wettkampfes gestaltete sich so, dass zuerst die jüngsten liefen, dann die älteren und zuletzt die ältesten Mädchen. Es wird beschrieben, dass die Mädchen ihr Haar lose trugen und ihr Gewand bis übers Knie reichte und dass die rechte Schulter bis zur Brust frei war. Die Sieger des Wettkampfes erhielten Ölbaumkränze und einen Anteil von der, Hera geopferten Kuh. [287]
Auf dem Markt von Elis hatten die sogenannten sechzehn Frauen ein Amtslokal, wo sie auch einen rituellen Peplos für Hera webten.[288]

[284] Plut. mul. virt. 251 E.
[285] Plut. greek questions 12.
[286] Paus. V 16.6.
[287] Paus. V 16.2.
[288] Paus. VI 24.10.

Hinsichtlich der sechszehn Frauen erzählt Pausanias noch folgendes: Als Damophon in Pisa als Tyrann herrschte, soll er gegen die Eleer viele und grausame Taten verübt haben. Um die politischen Streitigkeiten zu schlichten, wählten die Eleer von den sechszehn bewohnten Städten in Elis aus jeder eine Frau, die an Jahren die älteste war und auch sonst durch Ansehen und Würde die anderen Frauen überragte. Die Frauen aus diesen Städten versöhnten die Pisaier mit den Eleern.[289]

Die sechszehn Frauen sollen auch zwei Chöre aufgeführt haben; den einen nannten sie nach der Physkoa, den anderen nach der Hippodameia. Mit dieser Physkoa soll sich Dionysos verbunden haben, welche ihm den Sohn Narkaios gebar. Dem Dionysos aber sollen von Narkaios und der Physkoa zuerst göttliche Ehren erwiesen worden sein. Der Physkoa sollen neben anderen Ehren auch die des nach ihr benannten Chorreigens der sechszehn Frauen erhalten haben. Die Eleer sollen die Zahl der sechszehn, bei allen rituellen Handlungen beibehalten haben.[290]

„Was übrigens die sechszehn Frauen oder die Hellanodiken bei den Eleern vorzunehmen haben, so geht bei ihnen stets ein Reinigungsopfer mit einem Schwein und mit Wasser voraus. Diese Reinigung nehmen sie aus der Quelle Piaera vor. Geht man von Olympia den Weg in der Ebene nach Elis, so kommt man an dieses Quelle Piaera."[291]

Dionysos soll hier als Kultbild in einer Höhle liegen, bärtig und mit einem goldenen Becher, bekleidet mit einem fußlangen Chiton, Weinstöcke stehen um ihn herum sowie Apfel- und Granatbäume.[292] Dionysos hat hier scheinbar einen ausgeprägten vegetativen Aspekt, der nicht nur den Wachstum des Weines, sondern auch den von Obstbäumen betrifft.

Von allen Göttern, so beschreibt es Pausanias, sollen die Eleer Dionysos besonders verehren. Sie glauben der Gott besuche sie am Fest der Thyia. An diesem Festtag sollen Priester drei leere Kessel im Beisein von Bürgern und Fremden in ein Gebäude gestellt haben; dann wurden Siegel an der Tür des Gebäudes angebracht. Am folgenden Tag kamen die Priester zurück, überprüften die Siegel und fanden die Kessel mit Wein gefüllt wieder. Auch die Andrier wissen ähnliches von ihrem alle zwei Jahre stattfindenden Dionysosfest, denn hier soll der Wein am Festtag aus dem Heiligtum fließen.[293] In der Nähe von Elis liegt die Region Achaia, von dort weiß Pausanias zu

[289] Paus. V 16.5.
[290] Paus. V 16.6.
[291] Paus. V 16.8.
[292] Paus. V 19.6.
[293] Paus. VI 26.1.

berichten, das sie hier der Demeter ein Fest von sieben Tagen feiern sollen. Am dritten Tag des Festes mussten die Männer das Heiligtum verlassen und die zurückbleibenden Frauen taten Nachts, was für sie Brauch ist; es wurden aber nicht nur die Männer, sondern sogar die männlichen Hunde aus dem Heiligtum vertrieben. Wenn am folgenden Tag die Männer ins Heiligtum zurückkamen, dann verlachten und verspotteten die Frauen die Männer und umgekehrt die Männer die Frauen.[294]

Wir sehen in der Region von Elis, dass es dort eine ausgeprägte Verehrung des tauromorphen Dionysos gab und das ein festgelegtes Kollegien von Frauen existierte, die verschiedene kultische, sowie politische Aufgaben erfüllten. Zwar dürfen an den Heraien auch Mädchen teilnehmen, das „Kollegium der sechzehn Frauen" von Elis bestand aber aus älteren, weisen Frauen.

Region Delphi – Die verirrten Thyiaden in Amphissa

Historisch belegbare Thyiaden werden zur Zeit der Belagerung von Delphi und Theben durch die Phokier bei Plutarch erwähnt. Hierbei beschreibt er eine Begebenheit, bei der ekstatische Mänaden in die Stadt Amphissa geraten und dort entkräftet auf dem öffentlichen Marktplatz zusammensinken. Die verheirateten Frauen von Amphissa sollen Angst gehabt haben, dass die phokischen Soldaten den Mänaden etwas antun. Somit bildeten sie zum Schutze einen Kreis um die Mänaden, ohne sie zu berühren. Als sie erwachten, boten ihnen die Frauen Nahrung an und brachten sie mit der Erlaubnis ihrer Männer zur Grenze.[295]

Diese Beschreibung birgt verschiedene wichtige Informationen, die den sozialen Status, welche die Frauen als Thyiaden einnahmen, betreffen. Die Frauen von Amphissa bilden einen Kreis um die entkräfteten Mänaden, um sie zu beschützen. Dadurch, dass sich die Frauen ihnen ohne weiteres nähern, ist anzunehmen, dass die Besessenheit der Mänaden nicht als infektiös[296] oder ansteckend aufgefasst wurde, sondern eine gezielte Anrufung voraussetzte. Der gebührende Respekt vor den Mänaden offenbart sich darin, dass die Frauen von Amphissa sie nicht berühren, sie also noch zu einer heiligen oder religiösen Sphäre gehören.

---

[294] Paus. VII 27.10.
[295] Plut. mor. 249 E-F.
[296] A. Henrichs, Art: Greek maenadism from Olympias to Messalina, in: Harvard Studies in classical philology (82), Cambridge - Massachusetts - London 1978, S. 136.

Appollodor beschreibt eine mythologische Szene anderer Art. Die Töchter des Akrisios und der Euridike wurden wahnsinnig, nachdem sie die Riten des Dionysos missbilligt hatten. Epidemisch griff der Wahnsinn auf die anderen Frauen über, welche ihre Häuser verließen und ihre eigenen Kinder mordeten. Der Seher und Heilkundige Melampus jagte die Frauen durch die Berge bis nach Sikyon. Auf der Verfolgungsjagd starb eine der Töchter, an den anderen wurden Reinigungsopfer vollzogen, welche sie vom Wahnsinn befreite.[297] Im Gegensatz zur realen Kultpraxis entwirft der Mythos ein Bild der mänadischen Besessenheit, welche zum einen epidemisch wirkt und zum anderen durch einen Priester exorziert werden muss.

Ein Punkt, der die soziale Stellung der Frauen von Amphissa betrifft, ist, dass die Frauen nur mit der Genehmigung ihrer Ehemänner die Mänaden zur Grenze begleiten dürfen. Auf die Problematik der sozialen Stellung der Frauen in der griechischen Antike, mit Fokus auf Athen wird im nächsten Kapitel näher eingegangen. Zum Anderen zeigt sich, dass nicht ganz Griechenland Dionysos und seine Mänaden mit offenen Armen empfängt, wie sich an der Befürchtung der verheirateten Frauen von Amphissa betreffend der Misshandlung der Phokier an den Mänaden zeigt.

Die Inschriften von Magnesia am Mäander geben eine Anweisung, Thyiaden aus Theben kommen zu lassen, um von ihnen ihre Riten zu lernen und dionysische Gruppen in der Stadt zu etablieren.[298]

Pausanias beschreibt, dass er mit attischen Thyiaden in Phokis gesprochen habe, die jedes zweite Jahr zum Parnassos kommen und hier mit den Frauen von Delphi zusammen dem Dionysos ein Fest feiern. Diese Thyiaden sollen auf dem Weg von Athen an verschiedenen Stellen tanzen, so auch bei den Panopeern.[299]

Problematisch bei allen drei Beschreibungen ist, dass weder genau beschrieben wird, was der Inhalt des Kultes ist noch die genauen rituellen Kulthandlungen.

Nun gibt es zwei Möglichkeiten: Entweder waren der Kult und die Kulthandlungen den antiken Menschen so bekannt, dass man es nicht für nötig hielt, sie weiter zu beschreiben oder aber man wusste nichts Näheres über die Kulthandlungen.

---

[297] Apollod. II 26 ff.
[298] Inschr. von Magnesia am Maeander, Inschr. n. 215 a, Z. 26 ff.
[299] Paus. X 4.3.

An diesem Punkt setzten die Mythologie und die Kunst an, denn alle weiteren vermeintlichen Bilder und Zustände des damaligen Kultes lassen sich nunmehr nur noch aus der Kunst und den Sagen und Legenden der Literatur erschließen. Hierbei treffen wir auf die Problematik der Authentizität.

Teillösung für dieses Problem ist, dass die Literaten wie Euripides ihre Informationen teilweise der Realität entlehnten, während sie aus dramaturgischen Gründen andere Elemente erfanden. Andererseits ist zu sagen, dass auch die künstlerischen Ausformungen des Mänadenmythos Einfluss auf einen real existierenden Mänadismus gehabt haben mögen.

Allen drei Quellen gemeinsam ist, dass die Teilnehmer ausnahmslos weiblich sind. Diese Übereinstimmung kann also als historische Gegebenheit betrachtet werden.

Warum spricht der Kult des Dionysos also insbesondere Frauen an? Und wie wirkt sich das auf ihre soziale Stellung innerhalb der Gesellschaft aus?

Pausanias und die Mänaden auf dem Parnassos - 150 n. Chr.

Pausanias sammelt und erklärt in seinen „Reisen in Griechenland" kulturelle Eigentümlichkeiten und Kuriositäten Attikas. In erster Linie ist Pausanias zwar Sammler von lokalen Überlieferungen, oftmals reicht ihm schon, dass jemand davon gehört hat, um es als Information zu dokumentieren. In Falle aber des Berichtes über die Thyiaden auf dem Parnassos beschreibt Pausanias selbst mit Mänaden gesprochen zu haben: "Das andere aber, weshalb er Panopeus als "mit dem schönsten Tanzplatz" bezeichnete, konnte ich nicht eher verstehen, als bis ich darüber durch die bei den Athenern so genannten Thyiaden belehrt wurde. Die Thyiaden sind attische Frauen, die jedes zweite Jahr zum Parnassos kommen und hier mit den Frauen von Delphoi zusammen dem Dionysos ein Fest feiern. Diese Thyiaden tanzen auf ihrem Wege von Athen an verschiedenen Stellen und so auch bei den Panopeern, und so scheint das homerische Beiwort für Panopeus auf diesen Tanz der Thyiaden hinzuweisen."[300]

Mehrere wichtige Informationen sind in dieser Quelle enthalten. Zum einen zeigt sich hier, dass es selbst um 150 n. Chr. einen rein weiblichen Dionysoskult gab und dass dieser alle zwei Jahre

---

[300] Paus. X 4.3.

gefeiert wurde, und zwar auf dem 2457 m hohen Parnassos zwischen Delphi und Athen, dass auch kultische Bezüge zum delphischen Orakel bestehen.

Somit ist zu sehen, dass sich der Dionysoskult zu Pausanias` Zeiten nicht völlig in den Dionysien erschöpfte, sondern auch für die griechischen Frauen ein zusätzliches kultisches Element war. Auffällig ist auch, dass dieser Kult nicht so geheim war, wenn Pausanias sogar von den Mänaden selbst Auskunft über ihren Kult erhielt.

Interessant ist auch, dass die Thyiaden aus Delphi und Athen bereits auf dem Weg zum eigentlichen Kultplatz tanzten, somit die Kulthandlung nicht auf den Parnassos beschränkt war und sich wohl über mehrere Tage hinstreckte. Auch scheint Pausanias eher angetan von der Ästhetik des Tanzes als ängstlich vor ihrem Wahnsinn. Die Kultbeschreibung beschränkt sich allerdings darauf, dass die Mänaden tanzen.

Über die Entstehung des Festes Thyia weiß Pausanias zu berichten, dass die Tochter eines der ersten Einwohners von Delphi mit Namen Kastalios Thyia hieß und als erste dem Gott Orgien gefeiert haben soll. Demnach nannten sich alle anderen, die nach Thyias Tod in die göttliche Raserei für Dionysos verfielen, Thyiaden.[301] Obschon es hier so scheint als beanspruche Delphi die mythologischen Wurzeln der Thyiaden, so lässt sich in einer Quelle aus Magnesia am Mäander[302] doch erkennen, dass wohl wie in Euripides Bakchen, Theben als Monopol für Mänadismus angesehen wurde.

Es wird weiterhin beschrieben, dass es von der korykischen[303] Grotte aus selbst für einen starken Mann schwer ist, den Gipfel des Parnassos zu erreichen. Als Gründe führt Pausanias an, dass zum einen der Gipfel über den Wolken liegt und zum anderen, dass auf dem Berg die Thyiaden für Dionysos und Apollon schwärmen.[304] Interessant ist, dass es für Pausanias klar zu sein scheint, dass die Thyiaden sowohl für Dionysos als auch Apollon ihre ekstatischen Tänze ausüben. Ob es zwischen den beiden Göttern wirklich eine Verbindung gab und ob Rituale dieser Art existiert haben, lässt sich schwerlich rekonstruieren. Auszuschließen ist es allerdings nicht,

---

[301] Paus X 6.4.
[302] Inschr. v. Magnesia am Maeander, Inschr. n. 215 a, Z. 26 ff. Die Magneten lassen auf delphisches Geheiß drei Mänaden aus Theben kommen, um dort die dionysischen Mysterien zu etablieren.
[303] Die korykische Grotte, eine Tropfsteinhöhle, soll sich laut Pausanias (Paus X 32.7) auf dem Parnassos in Delphi befunden haben. Sie war den Nymphen und dem Pan heilig.
[304] Paus X 32.7.

wenn man bedenkt, dass beide Kulte in Delphi zelebriert wurden. Es ist hingegen nicht anzunehmen, das Pausanias jemals diese Tänze auf dem Parnassos gesehen hat.

In einer anderen Beobachtung berichtet Pausanias, dass es im Hain *Pyraia* ein Heiligtum der *Demeter Prostasia* und der Kore gibt. Dort sollen die Männer feiern, während die Frauen im sogenannten *Nymphon*, in dem Statuen des Dionysos, der Demeter und der Kore stehen, ihre Rituale vollzogen. Pausanias erzählt, dass in diesem Tempel die Götter in Kultmasken dargestellt wurden.[305] Dieses Heiligtum ist gleich mehreren Göttern geweiht: Demeter, Dionysos und Kore, die sowohl von Männern als auch von Frauen verehrt werden. Die rituellen Handlungen werden aber getrennt vollzogen. Die Verbindung dieser drei Gottheiten ist nicht unüblich, aber vor allem in Unteritalien präsent. Die Darstellung der Gottheiten als Kultmasken ist vor allem für Dionysos belegt.

Alkmeonis, Tochter des Rhodios, Dionysospriesterin in Milet

Die Grabinschrift der Dionysospriesterin Alkmeonis wurde in Milet gefunden und wird auf die Wende vom 3. zum 2. Jahrhundert v. Chr. datiert und war wahrscheinlich ursprünglich an einer Statuenbasis angebracht. Die Inschrift, wendet sich in direkter Rede an die Tote, in der sich die Backchen der Stadt von ihr verabschieden. Sie wird eine fromme Priesterin genannt, die durch ihre Tüchtigkeit eine solche Ehre verdient. „Alkmeonis, des Rhodios Tochter, so wird sie genannt, führte die Bakchen ins Gebirge, die heiligen Geräte tragend (*orgia kai ira*, Sakramente und heiligen Geräte), schritt sie im Zuge vor der Stadt."[306]

Die Inschrift beweist, dass Alkmeonis Anführerin einer öffentlichen Prozession war, die alle Bewohner der Stadt einschloss, und somit nicht allein auf die mänadische *oreibasie* zu beziehen ist. Dionysische Prozessionen dieser Art waren sehr beliebt und lassen sich in Athen, Delos, Alexandria und Ionien bezeugen.[307] Zum einen war Alkmeonis also Anführerin der trieterisch gefeierten *oreibasie* der Mänaden, zum anderen führte sie als städtische Dionysospriesterin die alljährlich stattfindenden Prozessionen mit der Dionysosstatue zum Dionysostempel an. An

---

[305] Paus II 11.3.
[306] Inschr. von Milet Bd. VI Teil 2, Inschr. n. 407-1019, Berlin/New York 1998, n. 733.
[307] M.P. Nilsson, Arch. Jahrb. 31, 1916, S. 309 ff.

dionysischen Festen teilnehmen durften also alle Menschen, während das Tragen der heiligen Geräte und das Feiern der *oreibasie* den eingeweihten Mänaden vorbehalten war.[308]

Über den Verkauf von Dionysospriesterschaften und Regelungen der dionysischen Thiasoi in Milet (um 276/75 v. Chr.)

Eine weitere Inschrift aus Milet enthält Kultgesetze zur Regelung der dionysischen Thiasoi und Bestimmungen zum Verkauf von Dionysos-Priesterschaften. Sie wird auf das Jahr 276/75 v. Chr. datiert. Das Kultgesetz gliedert sich wie folgt: Opferregelung betreffend dionysischer Thiasoi, Privatpersonen und die Stellung städtischer Priester des Dionysos, Regelungen die Zahlungsmodalitäten für den Käufer der Priesterschaft betreffend, Regelung über Rechte und Pflichten der Priesterin gegenüber den Kult ausübenden Frauen, Regelung über die Behandlung des Dionysos bei den *katagogia*.

Hier heißt es, dass die Priesterin Opfer für die gesamte Stadt vollzieht und dass es niemandem erlaubt sei, rohes Fleisch zu opfern, bevor es die Priesterin für die ganze Stadt getan hat.[309] Für das Verzehren von rohem Fleisch, wird das Wort *omophagion* benutzt, unklar ist aber, ob das Fleisch nur geopfert wurde oder auch roh verzehrt wurde, wie es in Euripides „Bakchen" der Fall ist[310].

Allgemein wird ein abgeschwächter Ritus angenommen, Dodds etwa denkt daran, dass ein lebendes Tier von einem erhöhten Platz heruntergeworfen und dann von den milesischen Mänaden zerrissen wurde.[311]

Auch ist es niemandem erlaubt, einen privaten Thiasos zu versammeln, bevor der städtische Thiasos versammelt ist. Der städtische Thiasos hat also den Vorrang.[312] Dennoch können Privatpersonen dem Dionysos opfern, indem sie stellvertretend eine Priesterin oder einen Priester opfern lassen.[313]

---

[308] A. Henrichs. Maenaden, 1969, S. 234.
[309] Inschr. v. Milet, Bd. VI Teil 3, Inschr. n. 1222, Z. 1ff.
[310] Eur. Bacch. 138 f.
[311] E.R. Dodds, Griechen, S. 276.
[312] Inschr. v. Milet, Bd. VI Teil 3, Inschr. n.1222, Z.1 ff.
[313] Inschr. v. Milet, Bd. VI Teil 3, Inschr. n.1222, Z.1 ff.

Auch wird erwähnt, dass man sich das Privileg der Priesterschaft in Raten erkaufen kann, indem man in jedem Jahr ein Zehntel des Betrages auf zehn Jahre verteilt bezahlen kann.[314] Es ist anzunehmen, dass die Zahlungsmodalitäten, die sich auf zehn Jahre beliefen, auch der Zeit entsprechen, in der man die Dionysospriesterschaft inne hatte. Dies ist ein verhältnismäßig langer Zeitraum, denn in Priene musste der Käufer einer Dionysospriesterschaft den Kaufpreis innerhalb eines Jahres bezahlen, was auch mit der Inhabe der Priesterschaft identisch sein wird.

Die Priesterin soll sich um die nötigen Dinge für die Einweihung kümmern und diese bei allen Zusammenkünften bereitstellen.[315] Hier handelt es sich um die Verpflichtung der städtischen Dionysospriesterin gegenüber den Mänaden, sie wie die Dionysospriesterin Alkmeonis in die Berge zu führen. Hier zeigt sich also, dass eine Dionysospriesterin sowohl Aufgaben für die gesamte Stadt erledigte und diese auch mit männlichen Priestern zusammen ausführen konnte und zum anderen, dass sie die rein weibliche *oreibasie* in die Berge anführte. Die *oresibasie* musste oben auf dem Berg in der freien Natur stattfinden, während Dionysos unten in der Stadt einen Tempel und eine Statue hatte, in dem ihm geopfert wurde. Die Kultinschrift wurde auch in der Nähe eines ehemaligen Dionysostempels gefunden, an einem Ort, der für den privaten wie städtischen Kult von Bedeutung war. Die *oreibasie* im hellenistischen Milet fand wie an anderen Orten alle zwei Jahre statt.[316] Als Tanzplatz lokalisierte Wiegand die im Süden Milets gelegene 200 Metern hohe Stephania-Höhe. Dieser Weg wurde von hellenistischer bis in die römische Zeit als Pilgerweg zum Heiligtum instandgehalten.[317]

Wenn aber eine Frau dem Dionysos opfern will, soll sie als Opferanteile der Priesterin Innereien, eine Niere, Darm, den heiligen Anteil, Zunge und einen an der Hüftpfanne abgeschnittenen Schenkel geben. Wenn aber eine Frau eine Einweihung für den *Dionysos Bakchios* vornehmen will, sei es in der Stadt oder auf dem Land oder auf den Inseln, soll sie dafür der Priesterin einen Stater für jeden zweijährigen Festzeitraum geben.[318] Es ist keine Rede davon, dass Männer eingeweiht wurden. Die Weihen beziehen sich allein auf einen dionysischen Frauenthiasos. Henrichs geht davon aus, dass es jeder Frau erlaubt war, ihren eigenen Thiasos zu gründen, wenn

[314] Inschr. v. Milet, Bd. VI Teil 3, Inschr. n.1222, Z. 7-11.
[315] Inschr. v. Milet, Bd. VI Teil 3, Inschr. n.1222, Z.12 ff.
[316] A. Henrichs, Art.: Die Maenaden von Milet, in: Zeitschrift für Papyrologie und Epigrafik, Band 4, Heft 3, Bonn 1969, S. 233.
[317] A. Henrichs, Maenaden, 1969, S. 233.
[318] Inschr. v. Milet Bd. VI Teil3, Inschr. n.1222, Z.18-20.

bestimmte Abgaben geleistet wurden.[319] Die Mänaden heißen in Milet *bakchai*, sowie Dionysos hier *bakchios* heißt.

Hierbei zeigt sich, dass auch private Personen Einweihungen in die Dionysosmysterien erteilen konnten, wenn sie der städtischen Priesterin im Gegenzug dafür einen Anteil bezahlten. Die städtische Priesterin hat somit finanziell gesehen eine Monopolstellung, indem sie entweder durch die eingenommenen Abgaben oder die Opferanteile beteiligt ist. Man sieht also, dass die Übergänge von privaten zu öffentlichen, städtischen Thiasoi fließend verlaufen.[320]

Magnesia am Mäander – Einrichtung eines neuen Kultes auf delphisches Geheiß

Zur Zeit des Herrschers Diotimos, etwa 433 v. Chr., befragten die Magneten das Orakel wegen göttlicher Vorzeichen des Dionysos, die an der Platane gegenüber der Stadt Klasteises vernommen wurden. Der schlafende, junge Dionysos soll dort an einem Baum gesehen worden sein. Das Orakel befahl darauf den Einwohnern, dem Gott zu Ehren Tempel zu errichten und das Backosfest mit dem Thyrsos zu feiern.[321]

So heißt es in der Inschrift: „Geht in das heilige Land Theben, um Mänaden der Familie der kadmeischen Ino herbeizuholen. Sie werden euch zum Geschenk Orgien und erhabene Gebräuche beibringen und sie werden Scharen des Bacchus in eurer Stadt einführen."[322]
In Übereinstimmung mit dem Orakel und durch die Kraft der Gesandten, wurden drei Mänaden von Theben hergebracht: Kosco, Baubo und Thettale. Kosco organisierte den Thiasos, der nach der Platane benannt war, Baubo den Thiasos außerhalb der Stadt und Thettale den Thiasos, der nach (der bakchischen Begeisterung) *Cataebates* benannt wurde. Nach ihrem Tod wurden sie von den Magneten begraben. Während Kosko in der Gegend, der nach ihr „der kleine Hügel der Kosko" genannt wird, begraben liegt, ist Baubo andererseits in der Region, die „Tabarnei" genannt wird, begraben. Nahe dem Theater wurde Thettale beigesetzt.[323]

---

[319] A. Henrichs, Maenaden, 1969, S. 237.
[320] Inschr. v. Milet III, Bd. VI Teil 3, Inschr. n. 1222, Z.16-18.
[321] Inschr. v. Magnesia am Maeander, Inschr. n. 215 a, Z. 2 ff.
[322] Inschr. v, Magnesia am Maeander, Inschr. n. 215 a, Z. 27 ff.
[323] Inschr. v . Magnesia am Maeander, Inschr. n. 215 a, Z. 31 ff.

Hier zeigt sich eine Verschmelzung von poetischen Werken und ritueller Realität, denn sowohl die inschriftlichen als auch die euripideischen Mänaden stammen aus Theben und sind drei an der Zahl.

„Zuerst in Hellas hier ließ ich Theben in Jubelrufen wild auffahren, hängte den Frauen das Hirschfell um und drückte ihnen den Thyrsos in die Hand, die efeuumwundene Lanze…"[324]

Entweder fand der mänadische Kult in Griechenland seinen Anfang wirklich in Theben oder die literarische Quelle implizierte eine mythologische Vergangenheit, die bei den Magneten zur rituellen Realität wurde. Auch dass sich die Inschrift auf die Sippe der Tochter des Kadmos, Ino, beruft, ist verwunderlich, denn genau diese Königsfamilie spielt bei den euripideischen „Bakchen" die Hauptrolle.

Die Ritualform der drei Mänaden, denen unterschiedliche Aufgaben zugeteilt sind, kann sich aber nicht auf Magnesia am Mäander beschränken, denn das Orakel, das die Anleitung erteilte, war das Orakel von Delphi, also die Hochburg des Mänadismus. Aus der Inschrift ergibt sich, dass es zum einen verschiedene Formen des Rituals gab und zum anderen, dass zum Anführen eines Thiasos eine einzige erfahrene Mänade ausreichte. Theben galt historisch gesehen, ob nun der Ursprungsort des Mänadismus in Griechenland oder nicht, als Hauptausgangspunkt für die Suche nach erfahrenen Mänaden.

5. Der mänadische Kult – Die Ritualstruktur

Albert Henrichs geht davon aus, dass der Mänadismus eine Art Urform besaß, die sich spontan und unhierarchisch gestaltete. Das heißt, dass ekstatisch dionysische Kulte zu jeder Zeit und überall zelebriert werden konnten und erst später durch ihre große Popularität bestimmte Regeln hinzukamen.[325]

Es scheint, als gehe Henrichs dabei von einem Typ Mänade aus, den wir bei Euripides` „Bakchen" vorfinden. Hier gestaltet sich der Mänadismus eher chaotisch als nach speziellen rituellen Formeln. Andere Quellen hingegen zeugen von strukturierten Kultordnungen, von Bestimmungen von Teilnehmerzahlen, Kultorten, Dauer und Abfolge der Ritualhandlungen sowie bestimmten Trennungsriten von der profanen Welt wie das Lösen des Haares oder das Ausziehen der Schuhe vor dem Tanz auf dem Parnassos. Eine dionysische Kultform, die

---

[324] Eur. Bacch. 23.
[325] A. Henrichs, Art.: Changing Dionysiac Identities, in: Jewish and Christian Self-Definition, Vol. III Self-Definition in the Greco-Roman World, London 1983, S. 137.

Henrichs eher mit seiner Theorie greifen könnte, wäre zum Beispiel der athenische *komos*, der in kleineren Gruppen an den großen Dionysien begangen wurde oder private Feste zu Ehren des Dionysos. Hierbei waren aber nicht nur Priester beteiligt, sondern auch nicht eingeweihte Frauen, Männer und Kinder. Beim Mänadismus handelt es sich aber von jeher, soweit es die Quellen berichten, um eine Gruppe von Eingeweihten und Priesterinnen, deren Mysterien sich auf Geheimnisse von Leben und Tod bezogen, die nicht allen Menschen zugänglich waren und deren Rituale eine strenge Kultordnung vorsahen. -Was nicht heißen soll das ein *komos* von Nichteingeweihten nicht auch ekstatisch sein konnte.

Auch Dodds betrachtet den Mänadismus in einem evolutionären Raster. Die ekstatischen Gebärden der Mänaden lassen für Dodds den Schluss zu, dass es sich hierbei um einen Kult handelt, der aus einer Art Massenhysterie entstand und später bestimmten Kultformeln und Regeln unterworfen wurde und somit eine abgeschwächte Variante des „Originals" darstellt.[326] In diesem Punkt sind sich Dodds und Henrichs einig.

Das „Original" gibt es aber leider bei dieser Kultform nicht. Es existieren auch keine schriftlichen Hinweise, außer bei Euripides, welche auf einen völlig unkontrollierten Mänadismus hinweisen. Auch weist nichts darauf hin, dass zu archaischen Zeiten der Kult auf die von Dodds beschriebene Art ausgeführt wurde. Für eine derartige Verallgemeinerung waren die Kultformen zu unterschiedlich.

Henrichs geht auch davon aus, dass die dionysische Initiation dem Eingeweihten die Möglichkeit gab, seinen normalen sozialen Status zu ändern, also einen sozialen Aufstieg zu erreichen und einer gleichgesinnten Gemeinschaft verbunden zu sein, welche die gleichen Symbole benutzte.[327] Die Annahme, ein sozial schwacher Mensch habe seinen niederen sozialen Status dauerhaft durch eine Initiation ändern können, trifft aber gerade beim Aspekt des kultischen Mänadismus nicht zu. Denn die schriftlich überlieferten Quellen, die uns heute vorliegen, zeigen ein anderes Bild. Vorrangig waren die namentlich erwähnten Mänaden von höherer Geburt und freie Bürgerinnen Athens.[328]

Wahr ist, dass es eine Vielzahl von Möglichkeiten gab, dem Gott Dionysos Rituale zu feiern, denn die zahlreichen rituellen Erscheinungsformen des Dionysos und die verschiedensten Mythen zu seiner Geburt und seinem Leben öffneten das Tor zu mannigfaltigen Formen der

---

[326] E.R. Dodds, Greek, 1951, S.270-282.
[327] A. Henrichs, Identities, 1983, S.137.
[328] J.N. Bremmer, Art.: Greek Maenadism Reconsidered, in: Zeitschrift für Papyrologie und Epigrafik, Band 55, Bonn 1984, S. 285.

kultischen Verehrung. Für uns bleibt an dieser Stelle aber die weibliche Priesterschaft und der Mänadismus von vorrangigem Interesse.

Dionysos spricht als Gott, der die Grenzen zwischen den Geschlechtern und zwischen Mensch und Tier zu verwischen scheint, das fundamentale Bedürfnisse des Menschen an, nicht von seiner Umwelt getrennt zu sein. In Dionysos vereinen sich sowohl weibliche als auch männliche Elemente, die sich ohne weiteres zu einem homogenen, wenn auch komplexen Wesen zusammenfügen. Dass es sich hierbei um ein Grundbedürfnis des Menschen handeln muss, zeigt sich an der großen Resonanz, die der Kult von griechisch- hellenistischer bis in die römische Zeit hatte, wo er dann nach dem Bacchanalienskandal 186 v. Chr. verboten wurde. In Rom hatte der Kult vor der Massenhinrichtung der Eingeweihten über 7000 Mitglieder.

Grundsätzlich war die griechische Gesellschaft patriarchalisch strukturiert. Den Männer, stand das öffentlichen Leben in Form von Staatsführung, Philosophie und Kriegsführung, offen. Der Machtbereich der Frauen erstreckte sich hingegen oftmals nur auf das eigene Haus. Auch Bildung war eine männliche Domäne. Frauen wurden von ihren Müttern in den Pflichten der Ehefrauen unterrichtet und ihre Ehemänner vervollständigten dann ihre Ausbildung. Somit kann ein Kult der ausschließlich von Frauen ausgeführt werden durfte als außergewöhnlich betrachtet werden.

Henrichs behauptet, dass männliche Gottheiten wie Apollon eher von Männern bevorzugt wurden. Hingegen waren Kulte für Demeter, Kore, Athena oder Hera, oftmals nur für Frauen - Mädchen, verheiratete Frauen oder beides - zugänglich.[329]

Die Eleusinischen Mysterien bilden hierbei eine Ausnahme, hier konnten sich sowohl Männer als auch Frauen in die Mysterien einweihen lassen.

Im Heiligtum von Eleusis waren vorrangig drei Götter bedeutend: Demeter, Kore und Plutos, der für den Getreidereichtum steht. Plutos personifiziert die mildere Seite der chthonischen Mächte. In Eleusis wurde er später zum Herrn der Toten und wurde meist dann Pluton genannt. Nur auf Anweisung des Zeus raubte er Kore, die er acht Monate im Jahr in der Unterwelt verwahren muss. In Eleusis standen also die Mysterien in direkter Verbindung zur Unterwelt und auch die

---

[329] A. Henrichs, Identities, 1983, S. 139.

Mysterienspiele werden Elemente des Abstiegs in die Unterwelt und des Wiederheraufkommens, gleich einer Wiedergeburt, gehabt haben. Dieser Kult war also beiden Geschlechtern zugänglich. Auch Dionysos zog durch seine Androgynität sowohl Männer als auch Frauen an. Der Kult zu Ehren des Dionysos kann nach Henrichs, abgesehen davon, dass er regional sehr unterschiedlich ausgeübt werden konnte, in verschiedene Elemente aufgespalten werden: Wein, Mänadismus und Leben nach dem Tod. Rituelles Weintrinken zu Ehren des Dionysos war das Privileg der griechischen Männer, wohingegen der Mänadismus und die Riten bei der Weinzubereitung eine rein weibliche Domäne waren. Öffentliche Rituale, welche sich auf das Leben nach dem Tod bezogen, waren für beide Geschlechter zugänglich.[330]

Die Anhängerinnen des Dionysos werden zwar auf Vasenmalereien manchmal mit Kantharos dargestellt; dennoch tranken Frauen rituell keinen Wein. Ihre Form des Rituals war die Ekstase, hervorgerufen durch Tanz und Gesang. Bildliche Motive der mythologischen Mänaden sind zahlreich, wohingegen antike Berichte zu den Ritualen der Mänaden rar sind.[331]

Als gesichert gilt, dass mänadische Riten in den Bergen gefeiert wurden, so auf dem Parnassos und dem Kithairon. Diese fanden alle zwei Jahre zur Winterzeit statt. Es ist anzunehmen, dass die Frauen, die an der zweiwöchigen Prozession teilnahmen, in irgendeiner Weise einen Trennungsritus von und für die daheimgebliebene Gemeinschaft ausübten. Denn die Frauen begaben sich durch diese Reise heraus aus ihrem sozialen Umfeld, verließen ihr Haus, ihren Mann und ihre Kinder. Als Trennungsritus ist ein Tieropfer denkbar, wie es auch Alexander der Große vor seinen Kriegszügen vor der Landesgrenze erbrachte. Diese Opfer sollten zeigen, wie gnädig die Götter der Unternehmung gesinnt sind. Auch bei der Rückkehr der Frauen ist solch ein Opfer denkbar, bei dem einerseits von der fremden Welt wieder abgeschnitten wird und der Übergang zurück in die soziale Ordnung der Polis erfolgt.

Die Frauen aus Athen machten sich im Winter auf den durchaus langen Fußweg nach Delphi. Nach ihrer Prozession in Delphi angekommen, werden sie wahrscheinlich erst einmal ein Mahl zusammen mit den Frauen von Delphi eingenommen haben und damit den ersten Binderitus für die Gemeinschaft der nächsten Tage besiegelt haben. Es wird ein gemeinsamer Aufstieg auf den Parnassos gefolgt sein. Die Mänaden sollen dann das Haar gelöst und die Schuhe ausgezogen haben. Dies markierte einen weiteren Übergang von einer Sphäre in die nächste und somit einen

---

[330] A. Henrichs, Identities, 1983, S. 139.
[331] J.N. Bremmer, Maenadism, 1984, S. 268.

weiteren Trennungsritus von der profanen Welt. Es ist nicht zu denken, dass eine athenische oder delphische Bürgerin im alltäglichen Leben jemals in der Öffentlichkeit ihre Schuhe ausgezogen oder ihr Haar gelöst hätte. Dieser Ritus trennt zum einen von der normalen sozialen Ordnung und zum anderen erfolgt hier eine Entindividualisierung, persönlicher Schmuck oder Haarspangen werden abgelegt. Dies wird auch der Zeitpunkt gewesen sein, an dem rituelle Kleidung wie Hirschkalbfelle oder der Thyrsosstab angelegt wurden. Mit dem Anlegen der rituellen Kultkleidung wird das Ritual begonnen haben. Das Anlegen der Kultkleidung ist als Binderitus an die Kultgemeinschaft der Mänaden zu sehen und als Abgrenzung zur profanen Welt.

Die körperliche Anstrengung von der Prozession von Athen nach Delphi und vom Aufstieg und die dünne Luft auf dem Berg werden bewusstseinsverändernd gewirkt haben. Unter derartigen klimatischen Bedingungen und der hinzukommenden körperlichen Erschöpfung sowie zusätzlichem ekstatischem Tanz und Gesang werden Trancezustände das Resultat gewesen sein. Jan Bremmer bezeichnet diesem Zustand als den „dionysiac mood".[332] In der christlichen Tradition wird das Gebet als Mittel zur Kommunikation mit Gott benutzt. In vielen anderen Traditionen wird als Weg zur Kommunikation mit dem Göttlichen die religiöse Trance eingesetzt, welche eine grundlegende Änderung der Körperfunktionen voraussetzt.[333]

Eines der Hauptelemente des antiken Kultes war der Tanz zu allen festlichen Angelegenheiten. Es wurde zu privaten und öffentlichen Festen sowie bei Mysterienfeiern und im Theater bei Tragödie und Komödie getanzt. Albert Henrichs stellte fest, dass gerade der gemeinschaftliche Tanz in Verbindung mit Gesang, Gruppen von Männern oder Frauen, *choroi*, im Mittelpunkt der Tanzkultur standen. Diese Chortänze hatten rituelle Wurzeln; sie wurden vor allen zu Ehren von Apollon, Artemis und Dionysos aufgeführt. Ebenso konnte der Chortanz auch bei Totenkulten seinen Einsatz finden.[334]

Gerade der Chortanz eignete sich im mänadischen Kult, um zu Ehren des Gottes in eine Art Massenekstase zu verfallen, welche die Teilnehmer zu einer Gemeinschaft zusammenschloss und den Kontakt mit dem Göttlichen heraufbeschwor. Dennoch wurden hierbei nicht alle Alltagsregeln außer Kraft gesetzt, denn Frauen und Männer tanzten getrennt voneinander. Die durch Tanz hervorgerufene Ekstase fand somit in einem geordneten und strukturierten Rahmen

---

[332] J.N. Bremmer, Maenadism, 1984, S. 277.
[333] F. Goodman, Wo die Geister auf den Winden reiten. Trancereisen und ekstatische Erlebnisse, 5. Auflage Freiburg im Breisgau 1995, S. 23.
[334] A. Henrichs, "Warum soll ich denn tanzen". Dionysisches im Chor der griechischen Tragödie, Stuttgart/Leipzig 1996, S. 17 f.

statt. Die rituellen, ekstatischen Tänze wurden von den sogenannten Mänaden ausgeführt, wohingegen die Dithyramben[335] von Männerchören, *choreuten*, aufgeführt wurden. Die Choreuten waren die Schauspieler, die zum Anlass des alljährlichen Dionysosfest in Athen, in Masken und Verkleidungen Tragödien, Komödien und Satyrspiele aufführten. Das Theater ist auf eine spezielle Weise mit Dionysos verbunden. So geht man davon aus, dass die Tragödie, die Komödie und das Satyrspiel aus dem rituellen dionysischen Chortanz entstand. Chortänze sind meist hoch komplexe Werke großer Dichter wie Pindar[336] gewesen, die sowohl an die Tänzer und Sänger als auch an das Publikum einen hohen Anspruch stellten. Auch in anderen Kulten wie bei denen für Apollon oder Artemis tanzten die Geschlechter getrennt. Henrichs geht davon aus, dass im Verlauf der Antike der Chortanz seine hervorragende Stellung verlor und als Rudiment der Gesang im Theater überlebte. Es scheint als hätte ein archaisches Element, der rituelle dionysische Tanz als Ehrung an den Gott, über lange Zeit im Mänadismus überlebt, während diese körperlichen Elemente im Theater mit der Zeit verschwanden.[337]

6. Mänadische Tranceinduktion

Eine religiöse Trance setzt voraus, dass man innerhalb des Rituals gezielt seinen normalen Bewusstseinzustand in einen außergewöhnlichen Zustand versetzten kann. Dieser Zustand kann mit verschiedensten Mittel erreicht werden. So zum Beispiel durch Rauschmittel, Tanz, Gesang, Inhalation von Räucherungen, Nahrungsentzug, Hyperventilation und rhythmische Musik von Trommeln oder Rasseln. Im Mänadismus kommen eine ganze Reihe von Tranceinduktionsmitteln vor, so: körperliche Erschöpfung, Hyperventilation und durch Trommeln und phrygische Flöten erzeugte rhythmische Musik, welche Trancezustände hervorrufen kann.

Charles Segal sieht in der Wiederholung des Kultrufes „*eis oros*" ein Mittel zur Tranceinduktion, welches durch die ständige Wiederholung eine selbsthypnotische Wirkung hat und mitunter auch Hyperventilation verursachen kann.[338]

---

[335] Der *Dithyrambos* ist eine der bedeutensten Formen der Chorlyrik. Er hängt aufs engste mit dem Kult des Dionysos zusammen und ist wohl der Ursprung der Tragödie. Die .Dithyrambosaufführungen waren mit hohem Aufwand verbunden, da sie von Chören von fünfzig Mann gesungen und getanzt wurden.
[336] Pindaros aus der Nähe von Theben stammend, lebte etwa um 520 v. Chr.
[337] A. Henrichs, Chor, 1996, S. 19 ff.
[338] C. Segal, Dionysiac Poetics and Euripides Bacchae, Princeton, 1982, S. 112.

Dieser freiwillig erzeugte veränderte Bewusstseinszustand lässt sich in nahezu allen Kulturen finden, welche einen direkten Kontakt mit dem Göttlichen oder aber auch die Inbesitznahme durch den Gott erreichen wollen. Ziel ist es, durch den veränderten Bewusstseinszustand Zugang zu einer „anderen" oder „heiligen" Wirklichkeit zu erhalten.[339]

Rituelle Kleidung dient hierbei der Abgrenzung des Heiligen vom Profanen. Bei den dionysischen Mänaden ist diese rituelle Kleidung das Hirschkalb- oder Pantherfell und der Thyrsosstab. Die rituelle Trance der Mänaden ist somit nicht, wie einige Forscher, so auch Dodds, annehmen, mit einer ungesteuerten Hysterie zu vergleichen, sondern sie ist vielmehr eine direkt angesteuerte religiöse Trance, die auf das Ritual beschränkt bleibt. Es ist nicht so, dass alle Regeln aufgehoben werden, sondern vielmehr werden nur die Alltagsregeln gegen die Regeln des Rituals getauscht. Besessenheitsrituale oder ekstatische Kulte dieser Art haben trotz ihrer äußerlich chaotischen Form eine zielgerichtete Ritualstruktur, welche zum Zweck hat, den Gott zu befragen oder gnädig zu stimmen.

Es gibt keine Hinweise darauf, dass der Mänadismus sich aus einer Massenhysterie entwickelt hat. Vielmehr zeigen alle Quellen, dass das Ritual von jeher gegliedert war. Da die Kulte nachts stattfinden und unter Deprivation, in Wäldern oder Bergen, lassen sie sich mit einer ganzen Reihe von anderen ekstatischen Kulten vergleichen.

Auch wenn ein ethnienübergreifender Vergleich Schwierigkeiten birgt, so kann man gewisse Elemente des Mänadismus mit dem klassischen sibirischen Schamanismus vergleichen. Der zu initiierende Schamane wird zuerst des Nachts von Visionen heimgesucht, die seine Berufung als Schamane ankündigen. Er verlässt das Dorf und seine gewohnte normale Struktur und auch das gesellschaftliche Leben. Dann hält er sich unter Nahrungs- und Schlafentzug bis zu einigen Wochen in den Wäldern auf, dort erfolgt seine Initiation durch die Stammesgeister. Innerhalb dieser Zeit wird der Schamane für die Gesellschaft als tot betrachtet. Bei seiner Rückkehr wird er nicht mehr als derselbe aufgenommen, hat also durch den Trennungsritus von der Gesellschaft permanent den Status gewechselt. Zwar ist er danach für die Gesellschaft von größter Bedeutung durch seine Verbindung zu den Geistern, welche ihm erlaubt, verloren gegangene Dinge wiederzufinden und böse Geister fernzuhalten sowie Krankheiten in schamanischen Sitzungen zu heilen, aber dennoch wird er in die Gesellschaft nicht mehr als Bestandteil integriert werden.

---

[339] F. Goodman, Trance. Der uralte Weg zum religiösen Erleben. Rituelle Körperhaltung und ekstatische Erlebnisse, 5. Auflage, Gütersloh 2003, S. 12.

Klassische Schamanen sind im normalen Leben grundsätzlich eher geächtet als geachtet. Die schamanische Initiation bildet somit einen permanenten Statuswechsel. Auch hier setzt die schamanische Ekstase gezielte Formeln voraus, die der Schamane einhalten muss, um mit den Geistern in Kontakt zu treten. Zum einen legt er spezielle rituelle Kleidung an, die ihn für die Gesellschaft und die Geister als Mittler zwischen den Menschen und den Geistern kennzeichnet, zum anderen induziert er die Trance durch rhythmische Trommelschläge und halluzinogene Drogen, zum Beispiel durch das Rauchen von Fliegenpilz. Während die Initiation im Schlaf durch die Geister als unfreiwillig empfunden wird, muss der direkte Kontakt mit den Geistern vom Schamanen willentlich herbeigeführt werden.

Auch in schamanischen Kulturen gibt es eine strikte Trennung zwischen einem Geisteskranken und einem Schamanen. Der Geisteskranke hat nicht die Fähigkeit, seine Geister zu beherrschen, sondern wird von ihnen beherrscht, der Schamane hingegen hat die Kontrolle über seine Geister.[340]

Der antike Mänadismus hingegen ist eine Kultform, deren Tranceinduktion zwar ähnlich funktioniert, durch Tanz, Deprivation, Nahrungsentzug und rhythmische Musik, aber eine Statusänderung findet nur temporär während des Rituals statt. Kehrten die Frauen nach dem Fest zurück, so wird es eine Reihe von Wiederangliederungsriten gegeben haben, welche sie wieder in die Gesellschaft integrierten.

Es ist anzunehmen, dass das Ziel des mänadischen Rituals nicht das heilige Rasen war, sondern es vielmehr das Mittel war, um in einen visionären Zustand zu gelangen. Es ist dennoch weder anzunehmen, dass alle Mänaden Visionen hatten noch dass sie übereingestimmt haben müssen. Die Bilder und Wahrnehmungen werden auch je nach Tagesverfassung unterschiedlich ausgesehen haben.

Schamanen übernehmen eine wichtige Rolle für die soziale Gemeinschaft, durch ihre schamanischen Sitzungen sichern sie das Wohlergehen der gesamten Gemeinschaft. Beim Mänadismus lässt sich dieser wichtige soziale Charakter nicht mehr nachweisen, zweifelsohne wird dies aber von Bedeutung gewesen sein. Es ist zu denken, dass die Mänaden durch ihre

---

[340] Siehe dazu: P. Vitebsky, Schamanismus. Reisen der Seele - Magische Kräfte - Ekstase und Heilung, Köln, 2001. und M. Hoppál, Das Buch der Schamanen. Europa und Asien, München 2002.

speziellen Fähigkeiten in der Lage waren, soziale Spannungen zu transformieren, da auch gerade Dionysos ein Gott der Unruhe und Veränderung ist.

Inwieweit sich in den Mythen Informationen zur Ekstase finden lassen, ist fraglich. Was sich in den Mythen spiegelt, kann zum einen den wahren Kern, die Grundaussage eines Mysteriums oder die damalige Realität der mänadischen Ekstase widerspiegeln oder aber auch die gesellschaftliche Rezeption eines Kultes darstellen. Mythen im Rahmen von Mysterienkulten zeigen immer die ideale Realität und sind nicht fehlbar. Während innerhalb eines Rituals die Möglichkeit besteht, dass essentielle Inhalte nicht vermittelt werden, treffen die Mythen durch ihre symbolische Übersteigerung den Kern des Mysteriums.[341] Der mimetische Aspekt, so das „heilige Rasen"[342] der Mänaden in den Bergen, die die Ammen oder die Nymphen des Dionysos nachahmen oder das Nachspielen der Trauer Demeters über den Verlust ihrer Tochter bei den Thesmophorien sorgen also nur für die Ausrichtung innerhalb des Rituals.

Dieser theatralische Aspekt sorgt im Schamanismus dafür, dass Patient und Schamane eine innerseelische Problematik körperlich ausagieren und sich somit die Chance einer Heilung erhöht. Gerade körperliche Probleme oder umweltbedingte Probleme wie Dürre verlangen nach mehr als nach einen mystischen Erlebnis, das rein auf den Geist beschränkt ist. Die körperliche Aktion gewährleistet somit ein gelungenes Ritual.

Der Gebrauch von rituellen Rauschdrogen war sehr verbreitet in der Antike, so weissagte die Pythia auf dem Dreifuß sitzend, einen Lorbeerzweig, die heilige Pflanze des Apollon, kauend und Weihrauch räuchernd.[343] Zudem soll innerhalb des heiligen Bezirks des Tempels von Delphi ein Erdspalt existiert haben, durch den Erdgase aufstiegen, welche die Pythia einatmete um zu weissagen. In der antiken Literatur, z.B. bei Dioskurides und Plinius, wird dem damals *daphne* genannten Lorbeer (Laurus nobilis) eine stark geistesbewegende Aktivität zugeschrieben. Diese Wirkung kann Ethnopharmakologe Christian Rätsch heute nicht mehr nachvollziehen. Ein weiteres Kraut in diesem Zusammenhang war das Apollinaris, die "Apollonpflanze" genannt wurde, das weiße Bilsenkraut. Es ist also anzunehmen dass es sich bei den Weissagungsräucherungen um diese Art des Bilsenkrautes handelte.[344]

---

[341] J.N. Bremmer, Maenadism, 1984, S. 273.
[342] Orph.h. 45.
[343] Strab. 9,3,5; Diod. 16,26; Plut. mor. 3,433 CD.
[344] C. Rätsch, Art.: Räucherwerk, in: Enzyklopädie der psychoaktiven Pflanzen. Botanik, Ethnopharmakologie und Anwendung, Aarau/Schweiz, 8. Auflage, 2007, S. 781.

Im Mänadismus kann der Wein nicht als rituelles Rauschmittel gelten, da der rituelle Weingenuss nur den Männern vorbehalten war. Hingegen hat der dionysische Kult gerade in der bildlichen Tradition, als Thyrsosumwindung und im Haar sowohl der Mänaden als auch des Dionysos, den Efeu als eine der Hauptsymbole. Plutarch beschreibt im 2. Jahrhundert n. Chr., dass Mänaden Efeublätter abrissen, um diese zu kauen.[345] Verwunderlich wäre es nicht, wenn man bedenkt, dass ekstatische Kulte auf der ganzen Welt halluzinogene Pflanzen zur Visionssuche benutzten.

Der Orakelpriester Plutarch schrieb in seinen „Römischen Fragen", 112, dass der Efeu „gewalttätige Geister" enthält, die wahnsinnige Ausbrüche und Krämpfe verursachen. Somit konnte Efeu einen Rausch ohne Wein erzeugen. Auch der Naturkundler Plinius d. Ä. beschreibt die psychoaktive Wirkung: „Der Efeu verwirrt den Sinn, reinigt, zu reichlich getrunken, den Kopf..."[346] Botanisch gesehen ist der antike Efeu nicht der bei uns bekannte, sondern der nordindische mit gelben Beeren, von dem es heißt, er wachse nur nahe dem indischen Nysa. Efeublätter enthalten zwar die Spurenelemente Arsen, Zink, Kupfer, Mangan, Jod, Lithium und Aluminium, aber eine eigentlich berauschende Wirkung ist heute nicht mehr nachweisbar. Rätsch geht hierbei davon aus, dass der antike Efeu eine heute nicht mehr existente Gattung war, oder aber, dass das Wort Efeu eine Art Deckname für eine andere Pflanze war.[347]

Marion Giebel sieht in diesem Ritual eine Übertragung des Tieropfer. Der *Dionysos Zagreus*; der Zusatz Zagreus bezieht sich auf einen vorgriechischen Gott, mit besonderer Beziehung zur Jagd und zur Unterwelt; soll auf ein Opfertier übertragen, rituell von seiner Gefolgschaft zerrissen und roh verzehrt werden. Diese Ritualform bezieht sich auf die mythologische Zerreißung, *sparagmos*, des Dionysos durch die Titanen.[348] Diese Omophagie, das Rohfleischessen, diente der Einverleibung der göttlich-dionysischen Kräfte. Giebel sieht im Gebrauch des Efeus eine Übertragung dieses Mythos, denn auch der Efeu ist eine Verkörperung von Dionysos und zugleich seines sterblichen Gefährten Kissos. Giebel sieht hier eine temporäre Entwicklung, wonach die Omophagie und der Verzehr von Efeu ein und dasselbe Ritualelement verkörpern.[349] Dies ist einerseits eine sinnvolle Erklärung, andererseits ist es nicht denkbar, dass sich Dionysosanhänger der Gefahr, eine giftige Pflanze zu verzehren, ausgesetzt hätten, wenn es nicht

---

[345] Plut. Quaest. Rom. 112, 291 A.
[346] Plinius XXIV, 75/78.
[347] C. Rätsch, Art.: Hedera helix L., in: Enzyklopädie der psychoaktiven Pflanzen. Botanik, Ethnopharmakologie und Anwendung, Aarau Schweiz, 8. Auflage 2007, S. 559.
[348] Nonn. Dion. 6,169 ff.
[349] M. Giebel, Geheimnis, 1993, S. 62.

um eine spezielle Reaktion gegangen wäre. Und es ist auch nicht einsichtig, warum der Dionysoskult der einzige unter den antiken Kulten sein sollte, bei dem Tieropfer ausgespart werden. Diese Übertragung ist nur für den *Dionysos Zagreus* der Orphiker denkbar in deren Kult weder Fleisch geopfert noch gegessen wurde. Ich denke eher, dass es sich bei dem Kauen von Efeu um ein Rauschmittel handelte, dass dem Geist eine besondere Disposition verlieh, die die dionysischen Erfahrungen möglich machten.

7. Wer waren die Mänaden?

Wie wir bereits wissen, gab es in Athen, Delphi, Sparta, Elis, Magnesia am Mäander und Milet jeweils verschiedene Kultformen, die auf unterschiedlichste Weise praktiziert wurden. Die Rituale sind also regionsspezifisch zu betrachten, Verallgemeinerungen sind nicht möglich.

Lässt sich aber nun rekonstruieren, wer diese Frauen waren, die in dionysische Mysterien eingeweiht oder selbst Dionysospriesterinnen waren? Lässt sich heute noch ermitteln, wie alt sie waren, welchen sozialen Stand sie hatten oder ob sie verheiratet waren?

Das „Kollegium der Sechzehn" aus Elis beruft ihre Tradition auf die Mythe, dass einst die bejahrten Frauen des „Kollegiums der Sechzehn", zu den weisesten Frauen der Region gehörten. Sie hatten, wie wir gesehen haben, großen politischen und religiösen Einfluss.

Auch wurde in Elis zu den Heräen ein Wettlauf für junge erwachsene Mädchen abgehalten, während das „Kollegium der Sechzehn" Aufsicht darüber führte.[350] Die älteren übernehmen also das Amt der Priesterschaft. In diesem Ritual des Wettlaufes, welches als Pendant zu den olympischen Spielen gesehen werden kann, an denen Frauen weder teilnehmen konnten noch anwesend seien durften, zeigt sich eindeutig eine Art Übergangsritus von der Kindheit zur Adoleszenz. Die Adoleszenz begann in der Antike, wenn Frauen verheiratet wurden. Also ist der Ritus des Wettrennens, wie Bremmer feststellte, ein vorehelicher Ritus.[351]

Auch die Mänaden, die aus Theben geholt und nach Magnesia gebracht wurden, werden keine jungen Mädchen gewesen sein, da ihr *kyrios* niemals zugelassen hätte, dass eine junge Frau die noch kein Kind geboren hat, das Land verließ.[352]

---

[350] Paus. V 16.6 f.; Plut. mor. 251 E-F.
[351] J.N. Bremmer, Maenadism, 1984, 283 f.
[352] J.N. Bremmer, Maenadism, 1984, 284.; Inschr. v. Magnesia am Maeander 215 a.

Es ist nicht bekannt, ob sich die jungen Mädchen auch Mänaden nennen durften oder ihnen der Titel erst nach einer Reihe von Initiationsriten zustand. Auf jeden Fall waren den verschiedenen Altersgruppen verschiedene Tätigkeitsfelder zugewiesen. So erwähnt Diodor, dass junge Mädchen nur berechtigt waren, den Thyrsosstab zu tragen, während sie erst später in die Gruppe der gereiften Frauen aufgenommen wurden.[353]

Wie Jan Bremmer 1984 feststellte, ist der Mänadismus nicht als Kultform zu verstehen, die aus sozialer Not heraus entstand, eine Betrachtung, der ich mich gerne anschließen will. Wir haben keine Belege dafür, dass dieser Kult insbesondere sozial schwache Frauen anzog, eher im Gegenteil. Die Vorfahren der sechzehn Frauen von Elis waren angesehene Frauen der höchsten sozialen Kreise, die selbst die autarke Macht hatten, politisch einzugreifen, wenn es nötig war. Die thebanischen Mänaden des Euripides gehörten zur Königsfamilie. Alkmeonis, die milesische Bacchantin, gehörte ihrem Namen nach, wie Merkelbach feststellte, dem „milesischen Uradel" an.[354] Somit deuten alle uns vorliegenden Quellen darauf hin, dass grundsätzlich diejenigen Frauen Mänaden wurden, die schon von Geburt an zu höheren sozialen Schichten gehörten und über Geld verfügten. Zudem erhielten Dionysospriesterinnen für Einweihungen und rituelle Leistungen, sowohl auf dem Land als auch in der Stadt finanzielle Zuwendungen..[355]
Somit konnten auch nur diejenigen in die Mysterien eingeweiht werden, die schon vor der Einweihung über Geld verfügten.
Als weiterer antiker Kult, in dem die Frauen die absolute Verantwortung hatten, wird im Folgenden ein Vergleich der Feierlichkeiten der Thesmophorien, des Demeterkultes und Elementen des dionysischen Mänadismus folgen. Im Voraus werden grundlegende Elemente zum Demeterkult und dessen Bedeutung in Eleusis erläutert.

---

[353] Diod. IV 3.3.
[354] J.N. Bremmer, Maenadism, 1984, S.285.
[355] Inschr. v. Milet, Bd. VI Teil 3, n.1222; Gekaufte Dionysospriesterschaften siehe: Sylloge inscriptionum graecarum (SIG), 1012; Inscriptiones graecae (IG), XI 7, 237 Zeile 27.

V. Die Verbindung von Demeter und Dionysos

1. Demeter

Auch Demeter ist, so wie ein Aspekt des Dionysos, eine Gottheit der Fruchtbarkeit: In ihrer Eigenschaft als Kornmutter und Herrin über den Ackerbau zählt sie zu den olympischen Göttern. So beschreibt Hesiod, dass die Ackerarbeiten, Aussaat, Pflügen und Ernte die Werke der Demeter sind und dass die Erde die Frucht der Demeter trägt und Demeter das Vorratshaus füllt.[356] „Und nackend soll man säen und nackend auch pflügen, nackend mähe man auch, willst du die Werke Demeters richtig nach Jahreszeiten erledigen; alles gedeiht dann dir zur rechten Zeit, dass du nicht bettelnd vor fremden Türen dich bücken musst."[357]

In der Theogonie ist Demeter die Tochter des Kronos und der Rheia,[358] mit Iason gebiert sie den Plutos,[359] den Reichtum. Dem Zeus gebiert sie die Persephone, welche dann in Zeus` Auftrag geraubt wird. Demeter ist die Getreidegöttin, die nicht nur für die Aussaat, sondern auch für die Ernte und das Reinigen, also das Ausdreschen des Getreides, zuständig ist. Die Tochter Demeters ist Persephone, die bei Homer die Königin der Unterwelt und bei Hesiod die geraubte Tochter ist.

Im Kult treten Tochter und Mutter in enger Verbindung auf. Ihnen zu Ehren werden die Thesmophorien gefeiert, und zwar nicht nur regional eingeschränkt, sondern in ganz Griechenland. Gerade in Eleusis wurde Dionysos im Kult mit Demeter verbunden. Oftmals waren die Mysten sowohl in die Mysterien der Demeter als auch in die des Dionysos initiiert.

Der Fruchtbarkeitsaspekt der Demeter offenbart sich in der Geschichte, in der sie einst dem Königssohn Triptolemos von Eleusis die erste Kornähre überreicht haben soll und ihm zudem den Ackerbau vermittelt haben soll. Ein wichtiger Ort ihrer mystischen Verehrung ist die Grotte des Hades im Tempelbezirk von Eleusis. Dieser soll der Eingang zur Unterwelt gewesen sein, ein Punkt der sich in der Mythe des Raubes der Persephone, des Kornmädchens, welches von Hades in die Unterwelt entführt wird, wiederspiegelt.

---

[356] Hes. Op. 597,805, siehe dazu auch: Hom.Il. 13,322;21,76.
[357] Hes. Op. 391 ff.
[358] Hes. Theog. 454.
[359] Hes. Theog. 969.

2. Dionysischer Mänadismus im Vergleich mit den Thesmophorien

Gerade in Eleusis gab es eine ganze Reihe von Festen, die zu Ehren von Demeter und Persephone gefeiert wurden. Auch die Einweihung in die eleusinischen Mysterien stand Männer wie Frauen offen. Die Thesmophorien allerdings bilden eine Ausnahme, da hier ausnahmslos Frauen teilnehmen durften. Gerade dieser Umstand legt einen Vergleich mit dem mänadischen Kult nahe.

Die Thesmophorien waren in erster Linie ein Fruchtbarkeitsfest, das anlässlich der Herbstaussaat, die im Monat Pyanepsion, der zwischen unseren Monaten Oktober und November liegt, in Athen gefeiert wurde. Rituale die mit dem Saatgut und der Fruchtbarkeit des Saatgutes sowie der weiblichen Fruchtbarkeit zusammenhingen, lagen in Athen fest in Frauenhand. Das Ritual dauerte drei Tage, der erste Tag wurde als *kathodos* (Hinabsteigen) und *anodos* (Heraufsteigen) bezeichnet.

Zur Ritualvorbereitung wurden bereits im Frühsommer anlässlich der *Skirophorien*, eines anderen Festes für Demeter und Kore, Ferkel in eine unterirdische Höhle, *megara*, geworfen. Die Schweine waren der Demeter heilige Tiere. Dieses Ritualelement ist als Fruchtbarkeitszauber zu werten, da auch zusätzlich zu den Ferkeln andere Fruchtbarkeitssymbole in die *megara* geworfen wurden, wie Pinienzweige und Zapfen, Schlangen und Phallen aus Teig. Diese Kultform resultiert aus dem Mythos um Demeter und Kore, nachdem sich beim Raub der Kore die Erde öffnete und den Schweinehirten Eubuleus und seine gesamte Herde verschluckt haben soll.[360]

Am ersten Tag des Rituals stiegen die Frauen hinab und sammelten die verwesten Körper der Ferkel ein, vermengten sie mit Saatgut und legten sie auf den Altar der Demeter und Kore.[361] Der zweite Tag des Festes hieß *nesteia* (fasten). Die Kultteilnehmerinnen fasteten an diesem Tag und ahmten die Trauer der Demeter über den Verlust ihrer Tochter nach. Am dritten Tag, *kalligeneia* (glückliche Geburt), wurde das Gemisch aus den Tierresten und dem Saatgut auf den Feldern verteilt. Die Teilnahme an den Thesmophorien war nur freien Frauen von unbeflecktem Ruf gestattet.[362]

Die Ritualvorbereitung, die drei Tage dauerte, beinhaltete die Enthaltsamkeit der Teilnehmerinnen. Männer waren an diesem Fest nur finanziell beteiligt, indem sie die Kosten für

---

[360] M. P. Nilsson, Geschichte, HdA V 2.1, München 1955, S. 463.
[361] Clemens von Alexandria, Protrepticus 17,1; Nilsson, Geschichte 1955, S.463.
[362] S.B. Pomeroy, Frauenleben im klassischen Alterum, Stuttgart 1985, S. 116 ff.; Isaios 6.49-50.

das Fest trugen.[363] In Athen feierten die Frauen die Thesmophorien auf der Pnyx, dem Hügel an der Akropolis, sitzend in Laubhütten.[364]

Das Fest der Thesmophorien hatte zudem einen sozialen Charakter, da hierbei die Frauen die Gelegenheit hatten, die weiblichen Verwandten wiederzusehen, die in andere *oikoi* geheiratet hatten. Zusammen wurde dann jedes Jahr das Ritual ausgeführt und so die Verbindung zwischen den Frauen erneuert. Lin Foxhall konstatiert, dass die Frauen durch das Ritual der Thesmophorien symbolisch die soziale Verbindung der eigenen Familie erneuerten.[365] Der Aspekt der Erneuerung der sozialen Bindungen der Frauen ist auch bei dem alle zwei Jahre stattfindenden Fest in Delphi vorzustellen.

Frauen sind im antiken Griechenland die Verwalterinnen der Vorräte.[366] Sie sind an der Ernte beteiligt und im besonderen an der Weinlese und am Dreschen des Getreides.[367] In Athen lagen gerade Feste, die mit dem Saatgut und der Aufbereitung des Getreides zu tun hatten, in weiblicher Hand.[368] Den Frauen kommt in der Antike die Rolle der Verwalterin der Vorräte zu, sowie die besondere Aufsicht über die Aufbereitung von Getreide und die Weinzubereitung. Landwirtschaft galt in der Antike nicht als *techne*, zu der man besondere Fähigkeiten brauchte, sondern als Kommunikation mit den Göttern,[369] ein Bereich der in diesem Fall den Frauen durch bestimmte Rituale zugeordnet war.

Die *Skira*, was soviel wie „die hinabgeworfenen Dinge" bedeutet, war ein weiteres Fest, zu dem nur Frauen zugelassen waren. Es fand im Monat Skirophorion (Juni/Juli) statt und fiel in die Zeit nach der Ernte und der Erneuerung der Dreschplätze. Die rituelle Pflügung hingegen wurde von Männern ausgeführt.[370] Das der Monat den Namen des Festes trägt, verweist auf das Alter des Rituals hin.

---

[363] S.B. Pomeroy, Frauenleben, 1985, S. 117; Isaios 3.80.
[364] Aristoph. Thesm. V 658 u. 624.
[365] L. Foxhall, Art.: women´s ritual and men´s work in ancient Athens, in: Women in antiquity – new assessments, London und New York, 1995, S.106ff.
[366] Hom. Od. 17,259.
[367] Xen. Ag. oik. 3,15.
[368] B. Wagner-Hasel, Art.: Arbeitswelt und weibliche Geselligkeit, in: Frauenwelten in der Antike-Geschlechterordnung und weibliche Lebenspraxis, Stuttgart/Weimar 2006, S.316.
[369] J.P. Vernant, Arbeit und Natur in der griechischen Antike, 1973, S. 246-270.
[370] B. Wagner-Hasel, Art.: Arbeit und Kommunikation, in : Frauenwelten in der Antike, Geschlechterordnung und weibliche Lebenspraxis, Stuttgart/Weimar 2006, S. 317.

Bei der *Skira* waren beide Geschlechter beteiligt, wobei die Frauen das Ritual ausführten und die Männer die ackerbauliche Arbeit erledigten. [371]

Ein dionysisches Fest, das sich mit der Weinzubereitung befasste, waren die *Lenäen*. Die Frauen befanden sich zu dieser Gelegenheit im Lenaion, einem Tempel des Dionysos, und tanzten und musizierten um die großen Weingefäße herum. Das Lenaion war der Ort, an dem Wein gekeltert und bis zu seiner Klärung aufbewahrt wurde. [372] In dem Lenaion stand als Kultbild ein Baumstamm, der mit der Maske des bärtigen Dionysos und Kleidung geschmückt war. Kerenyi sieht in den Teilnehmerinnen die Ammen, die durch den Wein Dionysos zum Leben erwecken und seine Entwicklung beobachten.[373] Der Wein wird als direkte Verkörperung des Dionysos aufgefasst.

Gemein ist den Thesmophorien und den Lenäen, dass beide agrarisch ausgerichtet sind. In beiden Fällen übernehmen die Frauen die Vermittlerfunktion von den Menschen zu den Göttern, um für Fruchtbarkeit der Felder, gutes Gedeihen der Saat und das Gelingen des Keltervorgangs zu bitten. Ein weiteres Fest zu Ehren von Demeter, der *Demeter Mysia,* fand in Pellene statt. Dort wurde das Ritual nachts von Frauen unter Ausschluss von Männern, sogar männlichen Hunden ausgeführt. Am darauffolgendem Tag neckten sich die Männer und die Frauen.[374] Die wichtigsten Feste der Demeter fallen in die Zeit der Aussaat (Thesmophorien) und der Ernte (Thargelien). Dennoch gab es auch in der Zwischenzeit Rituale zum Nutzen des vegetativen Wachstums. Eines davon ist das Haloenfest, welches am 26. Poseideon (Dez./Jan.) gefeiert wurde. Dieses Fest beinhaltete Mysterien der Demeter, Kore und des Dionysos. Zu diesem Anlass wurden die Weinstöcke umhackt und gedüngt und der neue, junge Wein wurde gekostet. Dieses Ritual war ausschließlich Frauen vorbehalten, welche Abbilder männlicher und weiblicher Geschlechtsorgane trugen, unzüchtige Reden führten, aßen und tranken. In diesem Ritual sieht Nilsson eine Verbindung von Dionysischem und Demetrischem: der Anlass ist ein Dionysischer, die Ritualform eine Demetrische.[375]

---

[371] L. Foxhall, Ritual, 1995, S. 107.
[372] M. Giebel, Geheimnis, 1993, S. 57.
[373] C. Kerenyi, Dionysos. Archetypical Image of Indestructible Life, Princeton, New Jersey 1976, S. 283 f.
[374] Paus. VII 27.10.
[375] M.P. Nilsson, Geschichte, HdA V 2.1, München 1955, S.467.

Agrarische und rituelle Praxis der Frauen scheinen einander also zu bedingen und zu durchdringen und zeigen uns zudem dadurch, welche agrarischen Aufgabenbereiche den Frauen zugeteilt waren.

3. Die eleusinischen Mysterien

Bestimmend für den Kult der Demeter ist der Mythos des Raubes der Kore - Persephone, welcher spätestens Ende des 7. Jahrhunderts v. Chr. in den homerischen Hymnen auftaucht. Essentiell ist dabei die Suche und die Verzweiflung der Mutter auf der Suche nach ihrem Kind, welches in der Unterwelt festgehalten wird. Demeter verweigert der Erde als Strafe jegliche Fruchtbarkeit der Felder und sichert jedem Anhänger das Geschenk Plutos'[376], der dem Menschen Reichtum und Vorräte bringt, zu.

Und gerade Eleusis ist der Ort, an den Demeter auf ihrer Suche gelangt. Demeter übt durch ihre Macht über die Fruchtbarkeit der Natur Druck aus und erwirkt, dass ihre Tochter für acht Monate im Jahr die Unterwelt verlassen kann. Hierbei gibt es eine direkte Verbindung zum natürlichen vegetativen Zyklus, indem die Natur vier Monate zwischen der Ernte im Mai /Juni bis zur Aussaat im Oktober ruht. Das Verschwinden der Kore kann somit als Stillstand des vegetativen Wachstums betrachtet werden. Demeter ist keine allgemeine Vegetationsgöttin, sondern die Göttin des Getreides und der Saat, somit hängen ihre Kulte direkt mit dem agrarischen Leben zusammen.

Die unterirdischen Aufbewahrungsräume für das Getreide hießen *siroi,* die bargen den Reichtum eines Hauses, den Getreidevorrat. Pluton hat Kore, das Kornmädchen, bis zur Aussaat und zur Wiedervereinigung mit ihrer Mutter in seiner Gewalt. Eine Verbindung zum Totenreich liegt nahe, da auch *pithoi,* Kindergräber, auch gerade in Eleusis als *siroi* benutzt wurden.[377]

Von besonderer Bedeutung für den Demeterkult waren Schlangen. Die hausten in den *megaras* und hüteten den Getreidevorrat eines Hauses. Nilsson sieht hier einen direkten Bezug zur minoischen Kultur, in der Schlangen als Schützerinnen des Hauses galten. Für ihn ist dies ein Beweis für die vorgriechischen Wurzeln des Demeterkultes. Auch beim *Dionysos Sabazios* spielen Schlangen eine hervorragende Rolle.

---

[376] Plutos ist eine Gestalt der Fülle und des Reichtums. Ursprünglich stand er für den unterirdisch aufbewahrten Getreidevorrat, wurde dann aber später in Eleusis auch zum Herrn der Toten und wird in dieser Funktion dann Pluton genannt.
[377] M.P. Nilsson, Geschichte, HdA V 2.1, München 1955, S. 472 ff.

VI. Die Verbindung von Dionysos und Kybele

1. Dionysos und Kybele – Ein Exkurs

Die weibliche Gottheit, die bei den Mysterien von Samothrake verehrt wurde, hieß Kybele, die „Große Mutter". Erwähnung findet der Name der Kybele bei den antiken Autoren als *meter ton teon*, Mutter der Götter, oder einfach *meter* oder *meter oreia*, Mutter der Berge. Der Kybelekult wurde spätestens am Beginn des 5. Jahrhunderts v. Chr. in den griechischen Städten wie Athen und Theben institutionalisiert, wobei ihr Name selbst, *meter ton teon*, schon auf einer Linear B Tafel, ebenso wie der des Dionysos auftaucht. Oft wird sie auch mit Rhea identifiziert. Kybele repräsentiert eine Welt vor Zeus, eine Welt der Titanen und zählt damit zu den alten Göttern. Sie gehörte somit schon lange zu den Hauptgottheiten.

Zu Ehren von Kybele wurden zwei Feste gefeiert, eines im Frühling, *Galaxia*, welches für Athen, Delos und Thasos belegbar ist, und eines im Sommer, *Cronia*.[378] Auf Delos und Thasos trug der Monat den Namen des Festes, nämlich Galaxion, welches dem attischen Elaphebolion, also März/April entspricht. *Galaktia* bedeutet soviel wie „Milchritus", was vermutlich eine Milchlibation an die Göttin einschloss.

Kybele als Herrin der Berge musste gut gestimmt sein, damit die Tiere in den Bergen weiden konnten und fruchtbar waren. Die Feste sind an die Zyklen der Natur gebunden und sind vor allem Fruchtbarkeitsriten, die ein Überleben der Menschen sichern sollen. Durch den Aspekt der Fruchtbarkeit steht sie in direktem Kontakt mit Demeter, der Kornmutter, und Dionysos, dem Gott des Weines. Kybele ist sowohl in Anatolien wie in Griechenland tief verwurzelt, denn bereits in der späten Bronzezeit kamen die Griechen an die anatolische Küste und somit auch in Kontakt mit ihren Kulten.[379]

„Selig, wer hochbeglückt, kundig der Götterweihen, ein reines Leben führt, im Herzen begeistert vom Thiasos, und in den Bergen schwärmt zu heiliger Läuterung, und wer Kybele, der Großen Mutter, Orgien feiert, wie es die Satzung verlangt, und, hoch auf schwingend den Thyrsos, efeubekränzt Dionysos ehrt."[380]

---

[378] N. Robertson, Art.: The ancient mother of the gods a missing chapter in the history of greek religion, in: Religions in the greaco-roman world, Cybele, Attis and related cults, Leiden/New York/Köln 1996, S. 239ff.
[379] A.E. Samuel, Greek and roman chronology, the Delian calender, München 1972.
[380] Eur. Bacch. 72-83.

90

Auch Strabon zieht eine Verbindung zwischen dem griechischen Dionysoskult und dem phyrgischen Kult der „Großen Mutter" und erkennt dort eine Wesenähnlichkeit.[381]

Die frenetische Musik, die Tambourine, Zymbeln und Flöten der Mänaden bilden die Grundvoraussetzungen für das orgiastische Fest. Auch beim Kult der „Großen Mutter" sind brennende Fackeln, Zymbeln und Tambourine von essentieller Bedeutung.[382] Auch Euripides sieht eine Verbindung, in der er das Tambourine und die Flöten als Erfindung der phrygischen Korybanten, den Gefolgsleuten der Kybele, darstellt.[383] „Hebt die Pauken, die im Land der Phryger heimisch sind, von Mutter Rhea erfunden und von mir,"[384] spricht Dionysos.

Die Instrumente stimulieren die Orgiastik der Teilnehmer und machen somit eine direkte Gotteserfahrung möglich. Auch der Tanz nimmt im Kult der Kybele eine prominente Stellung ein, indem zu Ehren der Kybele getanzt wird.[385] Das Zentrum der Verehrung der Großen Mutter in Griechenland war das minoische Kreta, wo ihr zu Ehren Rituale auf den Bergen und in Grotten abgehalten wurden. Am Ende des 8. Jahrhunderts gab es regen Austausch zwischen Phrygien und Griechenland, so dass auch religiöse Einflüsse nicht ausgeblieben sein werden. Wahrscheinlich ist auch, dass die Griechen durch die Nähe ihrer Kolonien zum phrygischen Reich mit dem Kult der Kybele in Kontakt kamen und ihre Muttergottheit Rhea zum Teil mit der phrygischen Kybele verschmolzen, wie der vierzehnten orphische Hymnus belegt, der eher an Kybele erinnert als an Rhea.[386]

Im griechischen Kult ist Kybele oftmals mit Dionysos vereint,[387] in Phrygien und Rom tritt sie mit Attis zusammen auf. Die Mutter vom Berge ist bei den Phrygern auch gleichzeitig eine Erdgöttin, sie ist Herrin der Tiere und der Natur. Kybele ist eine vegetative Gottheit, die an die rhythmischen Abläufe der Natur angegliedert ist.

Einer Mythe nach, die bei Pausanias und Arnobius überliefert ist, soll Zeus in Liebe zu der im Agdosgebirge schlafenden Kybele entbrannt gewesen sein. Sie aber wehrte sich gegen seine Avancen und Zeus ergoss seinen Samen auf einen Felsen, aus dem ein göttlich-dämonisches Wesen, Agdistis entstand, das zweigeschlechtlich und beherrscht von wilder Raserei und

---

[381] Strab. Geogr. X 3,12.
[382] Pind. Dithyr. II, fr. 70b (ed. Snell, Pindari carmina cum Fragmentis, Leipzig 1964, Vol. II, 74-75).
[383] Eur. Bacch. 124-129.
[384] Eur. Bacch. 58f.
[385] P. Pachis, Art.: L'élément orgiastique dans le culte de Cybéle, in: Cybele, Attis and related cults, Leiden/New York/Köln 1996, S. 193-214.
[386] M.J. Rein, Art.: Phrygian Matar: Emergence of an iconographic type, in: Cybele, Attis and related cults, Leiden/New York/Köln 1996, S. 228 ff.
[387] Eur. Bacch. 78-82.

Zerstörungswut war. Er wollte die Macht über Himmel und Erde. Die olympischen Götter hatten keine Gewalt über ihn und entschlossen sich, ihn betrunken zu machen und ihn dann an einen Baum zu fesseln, so dass er sich selbst beim aufstehen seine Genitalien abreißen würde. Aus dem Blut seiner abgerissenen Genitalien entstand ein Granatapfelbaum. Attis soll Produkt einer Vereinigung der Früchte des Grantapfelbaumes und der Tochter des Flussgottes Sangarios gewesen sein. Als Attis sich vermählen wollte, versetzte der in Liebe zu ihm entflammte Agdistis die Braut und die Hochzeitgäste in Wahnsinn, wobei sich die Braut tötete. Attis aber versetzte sich durch Musik seiner Hirtenflöte noch zusätzlich in Raserei, rannte hinaus und entmannte sich unter einem Pinienbaum. Kybele barg die abgetrennten Genitalien und vergrub sie, worauf Veilchen aus der Erden sprossen. Sie nahm die Veilchen und bekränzte damit die Pinie.[388]

Der Phallos als Fruchtbarkeitssymbol wird von Kybele geborgen und in das Element der Erde zurückgeführt, aus dem neues Leben entsteht. Diese Bedeutung des Phallos lässt sich auch beim *Dionysos Liknites* wiederfinden, bei dem der aufgerichtete geschmückte Phallos in einem *liknon* steht und von einem Tuch bedeckt wird.

Der Pinienbaum wird durch die Handlungen der Kybele geheiligt. Hier lassen sich vielleicht die Wurzeln der Bedeutung des Pinienzapfens im dionysischen Kontext erkennen. Auch die Verbindung von Kybele und Agdistis, einem unbeherrschbaren, wilden, zerstörerischen göttlichen Wesen das außerhalb des Götterkanons steht, lassen Gemeinsamkeiten mit Dionysos erkennen.[389] Auch die Technik der Kulte, um den Rausch, den *enthousiasmos* zu erzeugen, der ekstatische Tanz und die Musik - bei Kybele sind es die Kureten oder Korybanten, bei Dionysos die Mänaden oder Bacchanten - ist beiden Kulten gemeinsam.

---

[388] Paus. VII 17.10-12; siehe dazu auch: Arnob. Adverus nationes – Gegen die Heiden 5, 5-7.
[389] Clemens von Alexandiria sieht sogar zwischen Attis und Dionysos eine Verbindung, da beide von ihrem reproduktiven Organ getrennt seien. Er sieht Eunuchismus als charakteristisch für Dionysos und Attis an. Clem. Al. Proteticus II 19.4.

Schlussbemerkung

Zu hellenistischer Zeit praktizierten Frauen in vielen griechischen Städten orgiastische Riten für Dionysos, von denen Männer ausgeschlossen waren. Diese Feste waren nicht chaotisch und unstrukturiert, sondern unterlagen der Struktur der rituellen Orgie, welche in festgelegten Intervallen statt fand.

Der Mänadismus ist ein Teilaspekt des dionysischen Ritualkomplexes. Die Mänaden waren Eingeweihte, die ihre Religiosität durch das dionysische Schwärmen zum Ausdruck brachten, was aber nicht ausschloss, dass sie zum einen Rituale mit männlichen Mysten ausführten und zum anderen Aufgaben im öffentlichen Kultus wahrnahmen.

Wie gezeigt wurde, existierte eine starke Durchdringung des realen Kultus mit dem Mythos, was sich zum Beispiel darin offenbart, dass die kultischen Mänaden im Ritual die mythologischen Nymphen oder Ammen des Dionysos nachahmen. Nach dem Grund der Entwicklung eines solchen Kultes muss nicht gefragte werden, da die Verbindung der Mänaden und der Nymphen zur menschlichen sowie vegetativen Fruchtbarkeit offensichtlich sein dürfte. Dass gerade Frauen die Zubereitung von Wein überwachten, mag damit zu tun haben, dass Dionysos seinen Beschützerinnen ein besonderes Vertrauen entgegen brachte und somit der magische Akt der Weinzubereitung gesichert war. Erst durch den Tau oder den Regen der Nymphen kann der Wein reifen. Auch der fertige Wein, also die Verkörperung des Dionysos, wird von den Griechen mit dem Element der Nymphen gemischt.[390] Auch trägt wohl der magische Kelterungsvorgang Züge einer Geburt.

Nicht nur die Zubereitung von Wein, die Hilfe in Krankheitsfällen[391], Prophezeiungen und die Vollbringung von Opfern für die Fruchtbarkeit von Mensch, Tier und Pflanze unterlagen der Obhut der Dionysospriesterinnen und Priester. Ebenso wie Apollon Seuchen verursachen und zugleich abwenden konnte[392], so konnte wohl auch Dionysos Wahnsinn verursachen und auch heilen.

Viele Indizien weisen auf einen Besessenheitskult hin, da sich die Mänaden von dem Göttlichen, sei es nun die Entität des Dionysos oder der Nymphen, in Besitz nehmen ließen.

---

[390] Diod. IV 3.2.

[391] Pausanias berichtet aus der Stadt Ophitheia, der Schlangenstadt, dass dort sehenswerte Dionysosmysterien etabliert waren. Dort soll der Gott Wahrsager und Helfer bei Krankheiten gewesen sein. Ein Weissagepriester soll hier die Orakel des Gottes im Zustand der Ergriffenheit gegeben haben. Paus. X 33.11.

[392] Hom. Il. I 8 ff., 61 ff., 65 ff., Apollon lässt eine Seuche über dem Heer der Achaier wüten. Schutz vor dem Unheil kann man durch Opfer an Apollon erlangen.

Die agrarischen Wurzeln des Kultes sind deutlich zu erkennen und spiegeln sich in Symbolen wie dem Liknon und dem Phallos wieder. Wie Lin Foxhall an den Thesmophorien feststellte, wurden diese Riten nicht zeitgleich mit Aussaat oder Ernte gefeiert, sondern in einem versetzten Zeitraum davor oder danach.[393]

Das Treffen zum mänadischen Ritual oder den Thesmophorien eröffnete den Frauen die Möglichkeit ihre weiblichen Verwandten wieder zu sehen, die in andere *oikos* geheiratet hatten. Neben den agrarischen magischen Nutzen der Rituale erneuerten sie die sozialen Beziehungen der Teilnehmerinnen. Die freudige Raserei im Dionysischen und das Klagen um das verlorenen Kind im Demetrischen, können als Schmerz über den Verlust und überschäumende Wiedersehensfreude gewertet werden.

Der orgiastische Mänadismus ist zweifelsohne neben der Vielzahl an belegbaren gemischten Thiasoi[394] und öffentlichen dionysischen Festen, welche allen Polisbewohnern offen standen, eine dionysische Randerscheinung, welche historisch kaum greifbar ist.

Trotz der regionalen äußerlichen Unterschiede, die sich gezeigt haben, sind die kultischen Ausformungen in vielen Punkten kongruent. So kann eine einzige Priesterin[395] ihren Thiasos in die Berge[396] führen um dort Chorreigen zu tanzen und in Ekstase für den Gott auszubrechen. Die Kulte wirkten nicht epidemisch; die Besessenheit verlangt eine gezielte Anrufung des Gottes durch Hymnen.

Die dionysische Welt ist nicht, wie Kerenyi[397] dies konstruierte, eine primär weibliche Welt. Die dionysischen Kulte boten in ihren mannigfaltigen Ausformungen ausnahmslos allen Polisbewohnern die Möglichkeit zum Dienst am Gott. Der Mänadismus war für Frauen nur eine dieser Möglichkeiten, um sich im kultischen Rahmen für Dionysos zu engagieren.

---

[393] L. Foxhall, Art.: The cults of Demeter and Kore, in: Women in antiquity – New assessments, London/new York 1995, S. 104.
[394] Paus. I 2.4: Pausanias beschreibt ein Haus in Athen, das dem Dionysos geweiht ist und dass sich dort vornehme Athener zu Mysterienfeiern, ähnlich denen in Eleusis treffen; Paus. VIII 19.2: Bei den Kynaithaern soll es ein Dionysosheiligtum gegeben haben, bei dem zur Winterzeit ein Fest stattgefunden haben soll, bei dem stark gesalbte Männer einen Stier ins Heiligtum trugen; Paus. X 33.11: In der Stadt Ophiheia ist ein Mann Dionysospriester der im Zustand der Ekstase, Orakel empfängt und damit Krankheiten heilen kann.
[395] Inschr. v. Magnesia am Maeander, Inschr. n. 215 a: Hier sind die drei Mänaden aus Theben für drei unterschiedliche Thiasoi zuständig, die sie in die Berge führen; Plut. Isis und Osiris 35: Klea ist als einzige Frau Führerin der Thyiaden in Delphi; Inschr. v. Milet Bd. VI Teil 2, n.733: Alkmeonis trägt die heiligen Geräte und führt die Bakchen ins Gebirge.
[396] Inschr. v. Milet Bd. VI Teil 2, Inschr. n. 733, Z.3-4: Alkmeonis die Bakchen ihrer Stadt ins Gebirge; Inschr. v. Milet IV Teil 3, Inschr. n. 1222, Z. 12-20: Die städtische Priesterin hat die Verpflichtung die Frauen, die sich einweihen lassen wollen in die Berge zu führen.
[397] K. Kerenyi, Dionysos, Stuttgart 1998, S. 92 ff.

Quellen

Aristoteles. Ausgabe in zwanzig Bänden, ins Deutsche übersetzt und herausgegeben von Ernst Grumach, Darmstadt 1956.

Athenaios. Das Gelehrtenmahl, Ausgabe in zwei Bänden, eingeleitet und übersetzt von Claus Friedrich, kommentiert von Thomas Nothers, Stuttgart 1998-2001.

Apollodoros. Die griechische Sagenwelt, Apollodoros mythologische Bibliothek, übersetzt von Christian Gottlob Moser und Dorothea Vollbach, Leipzig 1988.

Clemens von Alexandria. Protrepticus, herausgegeben von M. Marcovich, Leiden 1995.

Demosthenes. Werke in drei Bänden, übersetzt von Heinrich August Pabst, 2. Auflage, Ulm 1896.

Demosthenes. Speeches 18 and 19, translated with introduction and notes by Harvey Yunis, Austin Texas 2005.

Diodor. Griechische Weltgeschichte, Buch I-X, übersetzt von Gerhard Wirth und Otto Veh, eingeleitet und kommentiert von Thomas Nothers, Stuttgart 1992.

Diodor. In twelve volumes, III, IV 59-VIII, ins Englische übersetzt von C.H. Oldfather, Cambridge/Massachusetts/London 1961.

Euripides Bacchae, Zweisprachige Ausgabe, eingeleitet, übersetzt und kommentiert von Richard Seaford, Oxford 1996.

Euripides. Bakchen, neu übertragen von Kurt Steinmann, Frankfurt am Main/Leipzig 1999.

Galenos. Werke in 5 Bänden, übersetzt und erläutert von Erich Beintker, Stuttgart 1939.

Herodot. Historien, übersetzt von August Horneffer, neu herausgegeben und erläutert von Hans Wilhelm Haussig, mit einer Einleitung von Walther Friedrich Otto, Stuttgart 1955.

Hesiod. Sämtliche Werke, Deutsch von Thassilo Scheffer, 2. Auflage Leipzig 1965.

Homer. Die Homerischen Götterhymnen, Deutsch von Thassilo von Scheffer, 3. Auflage Leipzig 1974.

Homer. Werke in zwei Bänden, erster Band, aus dem Griechischen übersetzt von Dietrich Ebener, Berlin/Weimar 1971.

Isaios. The Loeb Classical Library, übersetzt von Edward Seymour, 4. Auflage, London 1962.

Menander. Fragment 592, in: Menander – the plays and fragments, übersetzt und kommentiert von Maurice Balme, New York, 2001, S. 276.

Nonnos. Nonnos Dionysiaka, Leben und Taten des Dionysos, 2. Bände., übersetzt und herausgegeben von Dieter Ebner, Berlin/Weimar 1985.

Orpheus. Orpheus hymni, Altgriechische Mysterien, übertragen und erläutert von J.O. Plassmann, München 2. Auflage, 1992.

Pausanias. Reisen in Griechenland, Gesamtausgabe in drei Bänden, übersetzt und kommentiert von Ernst Meyer, herausgegeben von Felix Eckstein und Peter C. Bol, Düsseldorf/Zürich 2001.

Pindar. Pindari Carmina cum Fragmentis, in der Reihe: Bibliotheca scriptorum Graecorum et Romanorum Teubneriana, in drei Bänden, herausgegeben von Bruno Snell, Leipzig 1959-75.

Platon. Sämtliche Werke, Band III & IV, übersetzt von Friedrich Schleiermacher, herausgegeben von Walter Friedrich Otto, Ernesto Grassi und Gert Plamböck, Hamburg 1957/1958.

Platon. Werke in acht Bänden, herausgegeben von Gunther Eigler, Darmstadt 1983.

Plutarch. Alexander, Caesar, übersetzt und herausgegeben von Marion Giebel, Stuttgart ergänzte Ausgabe 2004.

Plutarch. Plutarch´s Moralia in fünfzehn Bänden, Englische Übersetzung von Frank Cole Babbitt, Cambridge/Massachusetts 4. Auflage 1968.

Plutarch. Moralia, Drei Religionsphilosophische Schriften. Über den Aberglauben. Über die späte Strafe der Gottheit. Über Isis und Osiris, übersetzt und herausgegeben von Herwig Görgemanns unter Mitarbeit von Reinhard Feldmeier und Jan Assmann, Düsseldorf/Zürich 2003.

Plutarch. The Greek Questions, neu übersetzt und kommentiert von W.R. Halliday, New, 1975, Reprint von Oxford 1928.

Sophokles. Werke in einem Band, herausgegeben von Jürgen Werner und Walter Hofmann, aus dem griechischen übertragen, eingeleitet und erläutert von Rudolf Schottlaender, Berlin/Weimar 1. Auflage 1966.

Strabon. Geografika, Ausgabe in fünf Bände, übersetzt, kommentiert und herausgegeben von Stefan Radt, Göttingen 2005.

Sueton. Werke in einem Band. Kaiserbiographien über berühmte Männer, herausgegeben von Wolfgang Hering, Liselot Huchthausen und Werner Krenkel, aus dem Lateinischen übersetzt von Adolf Stahr und Werner Krenkel, Berlin/Weimar 1965.

Inschriften

Die Inschriften von Magnesia am Maeander. Königliche Museen zu Berlin, herausgegeben von Otto Kern, Berlin 1900, Inschriften n. 215 a.

Inschriften von Milet. Bd. VI Teil II, Inschriften n. 407-1019, von Peter Herrmann, Berlin/New York 1998, Inschriften n. 733.

Inschriften von Milet. Bd. VI Teil III, Deutsches Archäologisches Institut, Inschriften n. 1020-1580, von Peter Herrmann, Wolfgang Günther, Norbert Ehrhardt, mit Beiträgen von Denis Feissel und Peter Weiss, Berlin/New York 2006, Inschriften n. 1222.

Inscriptiones graecae. (IG) Vol VII. Inscriptiones Megarisdis et Boeotiae, herausgegeben von Wilhelm Dittenberger, Berlin 1892.

Literaturliste

Bengtson, Hermann. Griechische Geschichte. Von den Anfängen bis in die römische Kaiserzeit. (HdA III. 4) München 1996.

Bremmer, Jan. Art.: Greek Maenadism Reconsidered, in: Zeitschrift für Papyrologie und Epigraphik, Band 55, 1984, S.267-286.

Bruit Zaidman, Louise/ Schmitt Pantel, Pauline. Die Religion der Griechen. Kult und Mythos, München 1994.

Burkert, Walter. Antike Mysterien - Funktionen und Gehalt, 2. Auflage München 1991.

Carpenter, Thomas H. Dionysian Imagery in Archaic Greek Art. Its Development in Black-Figure Vase Paintings, Oxford, 1986.

Detienne, Marcel. Dionysos – Göttliche Wildheit, aus dem französischen übersetzt von Gabriele und Walter Eder, Frankfurt am Main 1992.

Dodds, Eric Robertson. Die Griechen und das Irrationale, Darmstadt 1970.

Dodds, Eric Robertson. The Greeks and the Irrational, Berkeley/Los Angeles 1951.

Dutoit, Julius. Zur Festordnung der grossen Dionysien, Friedrich Alexanders Universität Erlangen, Speier 1898.

Evans, Arthur. The God Of Ecstasy. Sex-Roles and the Madness of Dionysos, New York 1988.

Foxhall, Lin. Art.: Women´s ritual and men´s work in ancient Athens, in: Women in antiquity, New assessments, London/New York 1995, S.97-110.

Gehrke, Hans – Joachim. Alexander der Grosse. München 1996.

Giebel, Marion. Das Geheimnis der Mysterien. Antike Kulte in Griechenland, Rom und Ägypten, Zürich/München 1993.

Goff, Barbara. Citizen Bacchae. Women´s Ritual Practice in Ancient Greece, Berkley/Los Angeles/London 2004.

Gould, John. Art.: Law, Custom and Myth: Aspects of the Social Position of Women in Classical Athens, in: The Journal of Hellenic Studies, 100, London 1980.

Graf, Fritz. Eleusis und die orphische Dichtung Athens in vorhellenistischer Zeit, Würzburg 1974.

Hammond, Nicholas. Alexander der Grosse. Feldherr und Staatsmann, München/Berlin 2001.

Harrison, Jane. Prolegomena to the Study of Greek Religion, Original 1962 Reprint Kent 1980.

Henrichs, Albert. Art.: Die Mänaden von Milet, in: Zeitschrift für Papyrologie und Epigraphik,4, 1969, S. 223-241.

Henrichs, Albert. Art.: Changing Dionysiac Identities, in: Jewish and Christian Self-Definition, III, London 1983, S. 137-160.

Henrichs, Albert. Art.: Greek Maenadism from Olympias to Messalina, in: Harvard Studies in Classical Philology, 82, Cambridge/Massachusetts/London 1978, S. 121-160.

Henrichs, Albert. "Warum soll ich denn tanzen". Dionysisches im Chor der griechischen Tragödie, Stuttgart/Leipzig 1996.

Hofer, Werner Gertrud. Die Bedeutung der Musik in Mythen und Märchen. Auf den Spuren von Apoll, Dionysos und Orpheus, Bern 1998.

Holzhausen, Jens. Euripides Politikos. Recht und Rache in „Orestes" und „Bakchen", München/Leipzig 2003.

Jeanmaire, Henri. Dionysos. Histoire du culte de Bacchus, Paris 1951.

Kany, Roland. Art.: Dionysos Protrygaios. Pagane und christliche Spuren eines antiken Weinfestes, in: Jahrbuch für Antike und Christentum, 31, 1988, S. 5-23.

Kerenyi, Karl. Dionysos. Urbild des unzerstörbaren Lebens, Stuttgart 2. Auflage 1976.

Kloft, Hans. Mysterienkulte der Antike. Götter-Menschen-Rituale, München 1999.

Kraemer, Ross S.. Art. Ecstasy and Possession: The Attraction of Women to the Cult of Dionysus, in: Harvard Theological Review, 72, 1979, S. 55-80.

Kraemer, Ross S.. Maenads Martyrs Matrons Monastica. A sourcebook on women´s religions in the greco-roman world, Philadelphia 1988.

Lefkowitz, Mary R./ Fant, Maureen B.. Women´s Life in Greece and Rome, London 1982.

Lewis, Sian. The Athenian Woman. An Iconographic Handbook, London 2002.

Mc Nally, Sheila. Art.: The Maenad in Early Greek Art, in: Women in the Ancient World, The Arethusa Papers, New York 1984, S. 107-138.

Mommsen, August. Feste der Stadt Athen im Alterthum, Leipzig 1898.

Nietzsche, Friedrich. Das Hauptwerk in vier Bänden, Band III Also sprach Zarathustra, Die Geburt der Tragödie, Jenseits von Gut und Böse, München 1990.

Nilsson, Martin Persson. Die Religion Griechenlands bis auf die griechische Weltherrschaft. (HdA V – 2.1), München 1955.

Nilsson, Martin Persson. Geschichte der griechischen Religion. Die hellenistische und römische Zeit. (HdA V – 2.2),. München 1961.

Nilsson, Martin Persson. The Dionysiac Mysteries of the Hellenistic and Roman Age, Lund 1957.

Nixon, Lucia. Art.: The cult of Demeter and Kore, in: Women in antiquity, New assessments, London/New York 1995.

Nock, Arthur Darby. Conversion. The old and the new in religion from Alexander the Great to Augustine of Hippo, Oxford 1933.

Oehmichen, Gustav. Anfänge der dramatischen Wettkämpfe in Athen, in: Sitzungsberichte der k. bayer. Akadamie der Wiss., philos.-philol. Und hist. Klasse, 1889, II.

Otto, Brinna. König Minos und sein Volk. Das Leben im alten Kreta, Düsseldorf/Zürich 2000.

Otto, Walter Friedrich. Dionysos. Mythos und Kultus, Frankfurter Studien zur Religion und Kultur der Antike IV, Frankfurt am Main 1939.

Pachis, Panayotis. Art.: L'élément orgiastique dans le culte de Cybéle, in: Religions in the graeco-roman world, Vol.131, Cybele, Attis and related cults, Leiden/New York/Köln 1996, S.193-222.

Pomeroy, Sarah B.. Frauenleben im klassischen Altertum, aus dem Englischen übersetzt von Norbert F. Mattheis, Stuttgart 1985.

Pomeroy, Sarah B.. Art.: Women´s identity and the family in the classical polis, in: Women in antiquity, New assessements, London/New York 1995.

Rätsch, Christian. Enzyklopädie psychoaktiver Pflanzen, Ethnopharmakologie und Anwendung, Aarau/Schweiz 8. Auflage 2007.

Rapp, Adolf. Art.: Die Mänade im griechischen Cultus, in der Kunst und Poesie, in: Rheinisches Museum für Philologie, 27, 1872, S.1-22, S. 562-611.

Rein, Mary Jane. Art.: Phrygian Matar: Emergence of an iconographic type, in: Religions in the graeco-roman world, Vol. 131, Cybele, Attis and related cults, Leiden/New York/Köln 1996, S.223-237.

Robertson, Noel. Art.: The ancient mother of the gods, a missing chapter in the history of greek religion, in: Religions in the graeco-roman world, Vol. 131, Cybele, Attis and related cults, Leiden/New York/Köln 1996, S.239-304.

Samuel, Alan Edouard. Greek and roman chronology: calendars and years in classical antiquity, in: Handbuch der Altertumswissenschaften (HdA) Abt. I Teil 7, München 1972.

Schlesier, Renate. Art.: Der Fuß des Dionysos, in: Kykeon, studies in honour of H.S. Versnel, Leiden/Boston/Köln 2002, S.160-187.

Schlesier, Renate. Art.: Die Seele des Thiasos. Zu Euripides, Bacchae 75, in: Beiträge zur Altertumskunde Band 109, Ψυχη – Seele - anima. Festschrift für Karin Alt, Stuttgart/Leipzig 1998, S. 37-68.

Schlesier, Renate. Art.: Dionysos in der Unterwelt. Zu den Jenseitskonstruktionen der bakchischen Mysterien, in: Sonderdruck aus: Konstruktionen von Wirklichkeit. Bilder im Griechenland des 5. und 4. Jahrhunderts v. Chr., Stuttgart 2001, S.157-172.

Seaford, Richard. Art.: Dionysiac Drama and the Dionysiac Mysteries, in: The Classical Quarterly, 31, 1981, S. 252-275.

Seford, Richard. Dionysos, London/New York 2006.

Segal, Charles. Dionysiac Poetics and Euripides Bacchae, Princeton/New Jersey 1997.

Segal, Charles. Art.: The Menace of Dionysus: Sex Roles and Reversals in Euripides Bacchae, in: Women in the Ancient World, The Arethusa Papers, New York 1984, S. 195-210.

Seidensticker, Bernd. Art.: Comic Elements in Euripides Bacchae, in: American Journal of Philology, 3, 99, 1978, S. 303-320.

Sfameni Gasparro, Giulia. Soteriology and mystic aspects in the cult of Cybele and Attis, Leiden 1985.

Stähli, Adrian. Die Verweigerung der Lüste. Erotische Gruppen in der antiken Plastik, Berlin 1999.

Summers, Kirk. Art: Lucretius Roman Cybele, in: Cybele, Attis and related cults, Leiden/New York/Köln 1996, S.337-365.

Wagner-Hasel, Beate. Art.: Arbeitswelt und weibliche Geselligkeit, in: Frauenwelten in der Antike - Geschlechterordnung und weibliche Lebenspraxis, Stuttgart/Weimar 2006, S.311-330.

Weniger, Ludwig. Art.: Das Collegium der Thyiaden zu Delphi, in: Jahresbericht über das Karl-Friedrichs-Gymnasium zu Eisenach von Ostern 1875 bis Ostern 1876, Eisenach 1876.

Weege, Fritz. Der Tanz in der Antike, Hildesheim/New York, 1976.

Wilamowitz-Moellendorff, Ulrich von. Der Glaube der Hellenen, Ausgabe in zwei Bänden, 3.Auflage, Darmstadt 1959.

Ziegler, Konrat, Art.: Trieteris, in: Der Kleine Pauly – Lexikon der Antike, Band 5, München 1979, S. 958.

Bildnachweis Titelblatt

Dionysischer Zug. Marmorrelief, römische Kopie des 1. Jahrhundert n. Chr. von einem griechischen Original ca. 300 v. Chr., British Museum.